Lascho

Typische Stolperfallen der deutschen Grammatik umgehen

Arbeitsblätter für die Sekundarstufe

Verlag an der Ruhr

Impressum

Titel
Typische Stolperfallen der deutschen Grammatik umgehen
Arbeitsblätter für die Sekundarstufe

Autorin
Birgit Lascho

Lektorat
Franziska Voigt

Titelbildmotiv
© Heinrich Drescher

Verlag an der Ruhr
Mülheim an der Ruhr
www.verlagruhr.de

Geeignet für die Klassen 7–13

ISBN 978-3-8346-2758-2

Printed in Germany

Inhaltsverzeichnis

Inhaltsverzeichnis

Hinweis:
Die Sternchen * kennzeichnen einen erhöhten Schwierigkeitsgrad der Arbeitsblätter:
* bedeutet: geeignet für Schüler ab der Jahrgangsstufe 8
** bedeutet: geeignet für Schüler ab den Jahrgangsstufen 9/10

Vorwort

„Er vermag es nicht, rauszubekommen, was vorgefallen ist", „Bismarck gehörte als Reichskanzler dem geistlichen Berufsstand an", „Sie verspürt Hunger und macht sich auf den Weg Richtung Kiosk, um dieses psychische Bedürfnis zu stillen", „Er ist frühes Aufstehen gewöhnt", „Der Sohn ist der einzigste Mann im Saal", „Wegen einem Unwetter müssen sie ihre Fahrt unterbrechen" und „Sie beeilt sich, weil sie will nicht zu spät kommen" – welchem Lehrer* kommen solche Formulierungen aus Schüleraufsätzen nicht bekannt vor? Nicht nur im Haupt-, Real- und Gesamtschulbereich, sondern auch an Gymnasien müssen Lehrer bei der Korrektur von Klassenarbeiten zunehmend eine größere Zahl von Ausdrucks- und Grammatikfehlern anstreichen, da die Fähigkeiten der Schüler in diesen Bereichen allgemein abgenommen haben und ihnen oft nicht bewusst ist, wie der korrekte Ausdruck in der schriftlichen Standardsprache lautet. So können manche Schüler nicht von selbst benennen, dass es „herauszubekommen" statt „rausbekommen" heißen muss, dass Bismarck dem „geistigen" statt dem „geistlichen" Berufsstand angehört, dass Hunger ein „physisches" und kein „psychisches" Bedürfnis darstellt, dass es statt „Er ist frühes Aufstehen gewöhnt" „Er ist frühes Aufstehen gewohnt" lauten muss, dass es statt der „einzigste" der „einzige" Mann heißen muss, dass die Fahrt wegen „eines Unwetters" und nicht wegen „einem Unwetter" unterbrochen werden muss und dass der Nebensatz mit „weil" korrekt in der Form „weil sie nicht zu spät kommen will" gebildet wird.

Diese Diagnose betrifft nicht nur jüngere Schüler. Auch viele Schüler in den höheren Klassen der Sekundarstufe I sind noch nicht in der Lage, sich stilistisch und grammatisch korrekt auszudrücken. Und sogar noch in der Sekundarstufe II und in den weiterführenden Schulformen der Berufsschule weisen die Klausuren vieler Schüler eine hohe Anzahl von Ausdrucks- und Grammatikfehlern auf. Den Lernenden fehlt in diesen Bereichen das entsprechende **Basiswissen**, weil es vermutlich in der Sekundarstufe I nur unzureichend erworben, wiederholt und trainiert wurde. Dies ist für die Schüler ärgerlich, da eine hohe Fehlerzahl nicht nur im Fach Deutsch, sondern auch in allen anderen Fächern während der gesamten Sekundarstufe II sowie auch beim Abitur zu Punktabzügen führt. Deshalb sollte elementares Wissen aus den Bereichen **Sprachstil, Wortwahl und Grammatik,** das den Lernenden häufig fehlt, unbedingt in den höheren Klassenstufen der Sekundarstufe I noch einmal thematisiert und durch Anwendungsübungen trainiert werden, damit die Schüler auf diesem Gebiet sicher und somit angemessen vorbereitet für das Abitur und eine Ausbildung und/oder ein Studium sind. Denn in der Sekundarstufe II und in einigen Zweigen der weiterführenden Berufsschulformen sehen die Lehrpläne und Bildungsstandards keine Behandlung von Themen aus diesen Bereichen mehr vor.

Lehrkräfte, die diese Aspekte, die den Schülern in den Bereichen Sprachstil, Wortwahl und Grammatik Schwierigkeiten bereiten, im Unterricht behandeln wollen, stehen jedoch oft vor dem Problem, dass sie dafür keine entsprechenden Materialien finden. Denn bisher gibt es noch keine konzentrierte Sammlung von Übungen zu den grammatischen Phänomenen, die den Schülern erfahrungsgemäß Schwierigkeiten bereiten. In den Schulbüchern oder Arbeitsheften stößt man als Lehrer hier nur vereinzelt auf den einen oder anderen Aspekt. Für etliche andere, insbesondere für die **Stolperfallen der deutschen Sprache**, bei denen die Schüler oft

---

* Aus Gründen der besseren Lesbarkeit haben wir in diesem Buch durchgehend die männliche Form verwendet. Natürlich sind damit auch immer Frauen und Mädchen gemeint, also Lehrerinnen, Schülerinnen etc.

Vorwort

Fehler machen, wie zum Beispiel Kasusendungen bei Wörtern wie „Prinz" beachten, die Partizipien „gesinnt" und „gesonnen" richtig gebrauchen, Wortkreuzungen vermeiden, ähnlich klingende Adjektive unterscheiden und richtig verwenden und viele Themen mehr, gibt es sogar überhaupt kein Übungsmaterial. Deshalb soll hier mit der vorliegenden **Unterrichtsmaterialiensammlung** Abhilfe geschaffen werden, die sich inhaltlich an diesen Stolperfallen für Schüler, Schülerfehlern in den Bereichen Sprachstil, Wortwahl und Grammatik, orientiert.

Der didaktische Ansatz besteht dabei darin, dass die Lernenden die Stolperfallen überwinden, indem sie sie kennenlernen, sich damit die **Tücken bewusst machen** und sich anschließend durch entsprechende **Anwendungsübungen zum korrekten Sprachgebrauch** die korrekte Ausdrucksweise oder Grammatik dauerhaft einprägen. Mithilfe der vorliegenden Arbeitsblätter können die Schüler somit erfahren und trainieren, welche sprachlich korrekte schriftliche Ausdrucksweise von ihnen erwartet wird. Dieses Wissen wird beim Einsatz von schülerzentrierten Freiarbeitsformen wie Partnerkorrekturen oder Schreibkonferenzen oft stillschweigend vorausgesetzt, ohne dass den Lernenden gesagt wird, worauf es bei der Korrektur des schriftlichen Ausdrucks ankommt. Um entsprechende Korrekturen vornehmen und Verbesserungsvorschläge machen zu können, müssen die Schüler jedoch die Stolpersteine der deutschen Sprache in diesem Bereich zunächst einmal kennen. Für dieses Kennenlernen sind die folgenden Übungsmaterialien gedacht.

Die Materialien sind dabei flexibel einsetzbar. Sie können sowohl im herkömmlichen Unterricht in frontaler Form verwendet werden, indem ein sprachlicher Aspekt zunächst **im Klassenverband** erarbeitet wird, bevor die Schüler in Stillarbeit dazu Übungen erledigen, deren Ergebnisse anschließend im Klassenverband abgerufen werden, als auch bei offeneren **Freiarbeitsformen,** wie Lernen an Stationen, einem Lernzirkel, einer Lernstraße, einer Lerntheke oder Ähnlichem, eingesetzt werden. Bei diesen Formen bietet es sich an, den Schülern die Lösungen zu den Arbeitsblättern (ab S. 71) zur Selbstkontrolle in Kopie zur Verfügung zu stellen. Dies ermöglicht eine eigenständige Bearbeitung durch die Lernenden.

Im herkömmlichen Unterricht können die Arbeitsblätter sowohl innerhalb einer reinen Grammatikunterrichtseinheit als auch einzeln im Sinne des **integrativen Grammatikunterrichts** beim Einüben von Aufsatzformen eingesetzt werden. So kann zum Beispiel das Arbeitsblatt „Den Imperativ bestimmter Verben richtig bilden" (S. 57) Übungen zum Verfassen von Vorgangsbeschreibungen sinnvoll unterstützen, die beiden Arbeitsblätter zu den Konjunktionen „weil" und „denn" (S. 61f.) eignen sich bei der Einübung argumentativer Textsorten, wie dem Leserbrief oder der Erörterung. Dabei besteht die Möglichkeit, die Arbeitsblätter innerhalb der Stunde zu bearbeiten. Es ist jedoch genauso möglich, Schülern einzelne Arbeitsblätter **zum eigenständigen Üben** mit nach Hause zu geben, wenn die Lernenden in ganz bestimmten Bereichen Schwierigkeiten haben. Dieses bietet sich besonders im Vorfeld von Klassenarbeiten oder aber auch danach bei der Rückgabe im Hinblick auf die nächste anstehende Klassenarbeit an.

Sofern bei den Schülern weiterer Übungsbedarf besteht, können den auf den Arbeitsblättern befindlichen Aufgaben, die Übungscharakter haben, ohne Probleme weitere **vertiefende Anwendungsaufgaben** hinzugefügt werden. Dies kann geschehen, indem die Lernenden dazu aufgefordert werden,

Vorwort

sich paarweise gegenseitig selbst Aufgaben zum Themenschwerpunkt zu stellen und deren Lösungen anschließend gemeinsam zu besprechen, oder indem die Lehrkraft in Übungssätzen oder einem Übungstext die **Übungsschwerpunkte mehrerer Arbeitsblätter vermischt**. Hierdurch wird der Schwierigkeitsgrad für die Schüler erhöht, da sie ihre Aufmerksamkeit auf mehrere Aspekte zugleich richten müssen.

Bei den Freiarbeitsformen lassen sich die Arbeitsblätter hingegen entsprechend der gewählten Arbeitsform wie folgt einsetzen:
Beim **Lernen an Stationen** bearbeiten die Lernenden nacheinander mehrere Aspekte eines Oberthemas an verschiedenen Stationen, wobei die Schüler im Raum von Station zu Station weiterziehen. Dabei können sie die Bearbeitungsreihenfolge der einzelnen Stationen sowie die Verweildauer selbst festlegen und haben oft neben den zu bearbeitenden Pflichtstationen die Möglichkeit, weitere Stationen zur Bearbeitung aus einem Wahlpflichtbereich auszuwählen.
Bei einem **Lernzirkel** müssen die Schüler dagegen nach einer bestimmten Zeit auf ein akustisches Signal hin im Uhrzeigersinn von Station zu Station weiterziehen. Ein Lernzirkel räumt den Lernenden somit zwar weniger Entscheidungsfreiheit bei der Bearbeitung der Stationen ein, dafür sorgt diese abgewandelte Form des Stationenlernens aber für einen Wettbewerbscharakter, der Schüler besonders zur Arbeit anspornt.
Bei einer **Lernstraße** sind die einzelnen Stationen wiederum nicht kreisförmig, sondern gradlinig wie die Häuser in einer Straße angeordnet und die Schüler bearbeiten die einzelnen Stationen, die ansteigenden Schwierigkeitsgrad haben können, alle in der gleichen Reihenfolge nacheinander. Staus werden dabei durch zusätzliche Pufferstationen vermieden. Eine Besonderheit der Freiarbeitsform stellt noch die Aufteilung der Lernstraße in zwei oder mehrere Lernzonen dar. Dabei wird die Lernstraße in eine Basiszone und eine oder mehrere weitere Vertiefungszonen mit unterschiedlichem oder auch ansteigendem Schwierigkeitsgrad unterteilt. Der Basisbereich kann dabei komplett zum Pflichtbereich deklariert werden, während die folgenden Lernzonen nach Leistungsvermögen als Wahlpflichtbereich ausgewiesen werden können.
Im Unterschied zu den vorgenannten Formen bewegen sich die Lernenden bei einer **Lerntheke** nicht von Station zu Station, sondern holen sich für die einzelnen Stationen die Materialien, die vorne am Pult oder anderswo im Klassenraum ausliegen, zur Bearbeitung an ihren Platz. Im Gegensatz zu den anderen Formen des Lernens an Stationen beansprucht die Form der Lerntheke weniger Platz und ist weniger aufwändig. Von daher ist sie besonders bei räumlich beengten Verhältnissen und großen Lerngruppen zu empfehlen.
Die Selbstkontrolle der bearbeiteten Materialien kann bei allen Formen des Stationenlernens entweder jeweils direkt im Anschluss an die Bearbeitung der Materialien oder in gebündelter Form ganz am Schluss erfolgen.

Für den Einsatz in diesen Freiarbeitsformen wählt der Lehrer zunächst dem Übungsbedarf der Lerngruppe entsprechend eine bestimmte Anzahl von Arbeitsblättern aus, die er dann in dem sich in der rechten oberen Ecke befindlichen Feld nur durchnummerieren muss, um sie zu einem Stationenbetrieb zusammenzustellen. Sofern zu einem Übungsschwerpunkt mehrere Arbeitsblätter gehören, kann die Lehrkraft dies durch eine Untergliederung mit einem Punkt deutlich machen, indem zum Beispiel die Nummerierung mit der Zahlenfolge 2.1, 2.2 und 2.3 den Schülern verdeutlicht, dass die Station 2 aus drei Arbeitsblättern besteht. Vor Beginn des Stationenbetriebs sollte der Lehrer den Schülern

Vorwort

den Aufbau des Stationenbetriebs erklären und gegebenenfalls jedem eine entsprechende Übersicht aushändigen. Hier hat sich die Anfertigung eines sogenannten Laufzettels bewährt, auf dem die einzelnen Stationen sowie deren Zuordnung zum Pflicht- und Wahlpflichtbereich aufgeführt sind und auf dem die Schüler abhaken können, welche Stationen sie schon bearbeitet haben.

Durch die Möglichkeit der **individuellen Zusammenstellung** ausgewählter Arbeitsblätter kann die Lehrkraft genau auf die Lernbedürfnisse der Lerngruppe und einzelner Schüler eingehen und den Lernenden ein **binnendifferenziertes Lernangebot** bereitstellen, mit dem jeder Einzelne individuell gefördert und gefordert werden kann. Denn so kann der Lehrer genau die Übungsschwerpunkte auswählen, bei denen die Lerngruppe als Ganzes noch Übungsbedarf hat, und hat darüber hinaus die Chance, den Lernbedürfnissen einzelner Schüler Rechnung zu tragen, da jeder aus der Lerngruppe genau das üben kann, was er nicht beherrscht. Durch die Auswahl von **Unterrichtsmaterialien mit verschiedenem Schwierigkeitsgrad** hat die Lehrkraft zudem die Möglichkeit, ganz einfach **hinsichtlich des Leistungsniveaus zu differenzieren**. Der fachliche Schwierigkeitsgrad der einzelnen Arbeitsblätter ist im Inhaltsverzeichnis mittels eines Sternchensystems grob in Anlehnung an die Behandlung der Themen in bestimmten Jahrgangsstufen gekennzeichnet. Kein Sternchen bedeutet dabei: Diese Arbeitsblätter sind leicht und für alle Jahrgangsstufen ab Klasse 7 geeignet. Ein Sternchen signalisiert ein mittelschweres Niveau, diese Übungen sind in der Regel ab Jahrgangsstufe 8 sinnvoll einzusetzen. Zwei Sternchen stehen für den höchsten Schwierigkeitsgrad, auf diese Weise gekennzeichnete Arbeitsblätter bieten sich für den Einsatz ab den Jahrgangsstufen 9 und 10 an. Die Markierungen sollen dem Lehrer eine grobe Orientierung geben, am besten schätzt die Lehrkraft den Schwierigkeitsgrad der Materialien im Hinblick auf ihre Lerngruppe jedoch selbst ein. Außerdem kann auch ganz leicht eine **quantitative Differenzierung** vorgenommen werden, indem der Lehrer für schnellere und leistungsstärkere Schüler dem Lernangebot zusätzliche Arbeitsblätter zu weiteren Themen aus der Kopiervorlagensammlung hinzufügt. Darüber hinaus besteht die Möglichkeit, das vorliegende Lernangebot inhaltlich mit Arbeitsblättern aus anderen Unterrichtsmaterialiensammlungen, Arbeitsheften und Schulbüchern zu kombinieren, die weitere fehlerträchtige Aspekte aus den Bereichen Rechtschreibung und Zeichensetzung thematisieren.

Mit diesem Unterrichtsmaterialien, die Übungscharakter haben und genau an den Stellen ansetzen, an denen Schüler beim schriftlichen Ausdruck erfahrungsgemäß Probleme haben, kann man als Lehrer seine Schüler ab Klasse 7 Jahrgängen **passgenau fördern** und sie so fit für die Sekundarstufe II und das Studium oder für die Berufsschule und ein Fachhochschulstudium machen. Dann schreiben sie hoffentlich nicht mehr in der Klausur „Bismarck als Reichskanzler gehörte dem geistlichen Berufsstand an" und „Das war die einzigste Lösungsmöglichkeit für das Problem". Das ein oder andere Übungsblatt kann man deshalb sicher auch getrost Schülern in der Sekundarstufe II oder in den weiterführenden Zweigen der Berufsschule zum Üben mit nach Hause geben, wenn entsprechender Übungsbedarf besteht.

Ich wünsche Ihnen viel Erfolg und gutes Gelingen!

Birgit Lascho

Arbeitsblätter

Vergleiche mit „wie“ und „als“ bilden

INFO

In Vergleichen verwendet man die Wörter „wie“ und „als“. Dabei ist Folgendes zu beachten:
Wenn man Gleichheit feststellt, benutzt man beim Vergleich „wie“, z. B.:
Tim ist so groß wie Yannik.

Wenn man Ungleichheit feststellt, benutzt man beim Vergleich „als“, z. B.:
Tim ist größer als Yannik.
Nach der 1. Steigerungsstufe (Komparativ) des Adjektivs (z. B. *älter, weiser, schöner*) muss in der Standardsprache in Vergleichen daher immer das Vergleichswort „als“ stehen.

1. Ergänze in den Sätzen „wie“ oder „als“.

a) Er ist stärker .... ein Bär.

Er ist so stark .... ein Bär.

b) Johanna lief so schnell .... Milena.

Johanna lief schneller .... Milena.

c) Der Flug nach Mailand wird länger dauern .... der Flug nach London.

Der Flug nach Mailand wird so lange dauern .... der Flug nach London.

2. Ergänze in den Sätzen „wie“ oder „als“.

a) Hier ist es wärmer .... an der Küste.

b) Er schleicht lautlos .... eine Katze.

c) Mit dem Fahrrad sind wir schneller .... zu Fuß.

d) Mein Schulweg ist genauso lang .... deiner.

3. Finde die Sätze, in denen das falsche Vergleichswort verwendet wird, und verbessere sie, indem du „wie“ durchstreichst und das richtige Wort darüber notierst.

a) Die schwarze Jeans ist billiger wie die blaue Jeans.

b) Dieser Eimer ist so löchrig wie ein Sieb.

c) Niklas hat längere Haare wie Sina.

d) Charlotte hat mehr Punkte im Geschichtstest wie Sophie.

Den Unterschied zwischen „anscheinend“ und „scheinbar“ erkennen und beachten (1/2)

INFO

Die Wörter „anscheinend“ und „scheinbar“ werden oft miteinander verwechselt. Ihre Bedeutung ist jedoch verschieden und man muss genau beachten, wann man welchen der Begriffe verwendet.
Mit „anscheinend“ wird die Vermutung ausgedrückt, dass etwas so ist, wie es zu sein scheint.
Mara ist anscheinend krank.
Wenn jemand dies äußert, meint er, dass er glaubt, dass Mara tatsächlich krank ist.

Mit „scheinbar“ wird dagegen zum Ausdruck gebracht, dass etwas den nur Anschein erweckt, so zu sein, es tatsächlich aber nicht so ist, wie es aussieht.
Mara ist scheinbar krank.
Wenn jemand dies äußert, meint er, dass es nur so scheint, als sei Mara krank, dass Mara in Wirklichkeit aber nicht krank ist.

1. Überprüfe bei den folgenden Sätzen jeweils, ob „anscheinend“ oder „scheinbar“ eingefügt werden muss, und ergänze das betreffende Wort.

a) Die Beleidigung machte ihm .... nichts aus. Er war den ganzen Tag über gut gelaunt.

Die Beleidigung machte ihm .... nichts aus. Später wirkte er geknickt.

b) Die neue Limo ist .... ein großer Erfolg. Ich habe aber noch von niemandem gehört, dass sie gut schmeckt.

Die neue Limo ist .... ein großer Erfolg. Die Firma hat schon riesige Mengen davon verkauft.

c) .... hat sie das Schulfest schon verlassen. Ich sehe sie nirgends.

.... hat sie das Schulfest schon verlassen. Eben habe ich ihre Jacke an der Garderobe gesehen.

d) Er interessiert sich .... brennend für die Nachrichtensendung. Wir diskutieren sehr oft über Politik.

Er interessiert sich .... brennend für die Nachrichtensendung. So muss er nicht beim Abwasch helfen.

 | Autorin: Birgit Lascho | ISBN 978-3-8346-2758-2 | www.verlagruhr.de

Den Unterschied zwischen „anscheinend“ und „scheinbar“ erkennen und beachten (2/2)

2. Entscheide jeweils, ob „anscheinend“ oder „scheinbar“ einzusetzen ist, und trage das passende Wort ein.

a) Das Auto ist .... kaputt. Der Motor springt nicht an.

b) Die Spieler hatten sich .... gut auf das Lokalderby vorbereitet. Sie gewannen 3:0.

c) Es ist .... niemand im Raum. Hinter dem Sofa kichert jemand.

d) Lena hat .... den Bus verpasst. Sie verlässt morgens oft nicht rechtzeitig das Haus.

e) Der Handy-Vertrag ist .... günstig. Im Ausland fallen hohe Kosten an.

3. Finde heraus, in welchen Sätzen „anscheinend“ oder „scheinbar“ falsch verwendet werden, und schreibe diese Sätze verbessert auf.

a) Dana ist scheinbar kalt. Gerade hat sie sich einen dicken Pullover übergezogen.

b) Die Schulstunde dauerte anscheinend endlos. Irgendwann klingelte es endlich.

c) Sie ist anscheinend weggezogen. Hinter den Fenstern sind keine Gardinen mehr.

d) Lisa hat scheinbar nicht gewusst, dass ihr Freund für Samstagabend Konzertkarten gekauft hat. Sonst hätte sie sich für diesen Tag nicht mit Mara verabredet.

e) Es gibt scheinbar Regen. Dort hinten ziehen schwarze Wolken auf.

....

....

....

....

....

....

....

....

....

„Der gleiche“ und „derselbe“ richtig verwenden

INFO

Die Ausdrücke „der/die/das gleiche“ und das Demonstrativpronomen „derselbe“, „dieselbe“, „dasselbe“ sagen beide aus, dass etwas miteinander übereinstimmt, also gleich ist. Während „derselbe“ jedoch stets bedeutet, dass es sich um „ein und dasselbe“, also um die identische Person oder den identischen Gegenstand handelt, kann „der gleiche“ auch meinen, dass es sich um zwei oder mehrere Gegenstände handelt, die in der Art oder Gattung übereinstimmen und sich daher gleichen.

Um Missverständnisse auszuschließen, sollte man daher immer den Unterschied beachten und den korrekten Ausdruck wählen:

Die beiden Schwestern fahren dasselbe Auto. (Sie teilen sich ein Auto.)

Die beiden Schwestern fahren das gleiche Auto. (Sie haben Autos derselben Marke.)

1. Ergänze in den folgenden Sätzen „der/die/das gleiche“ oder „der-/die-/dasselbe“. Achte auf den richtigen Kasus und das richtige grammatische Geschlecht.

a) Meine Schwester besitzt .... Tasche wie du.

b) In .... Lokal waren wir vorgestern.

c) .... Creme gibt es im Supermarkt billiger als in der Drogerie.

d) Mira und Hannah gehen auf .... Schule in Frankfurt.

e) .... Mann habe ich neulich schon einmal hier gesehen.

f) .... Computerspiel habe ich auch auf meinem Tablet.

g) Deine Sonnenbrille ist von .... Designerin wie meine.

h) Rebekka wohnt in .... Straße wie Alina, nur zwei Häuser weiter.

i) Lukas und Jan haben .... Bus um 15.45 Uhr genommen.

j) Charlotte hat .... Hose an wie Sophia.

2. Finde heraus, welche der Sätze Fehler enthalten. Korrigiere die betreffenden Sätze, indem du das falsche Wort durchstreichst und den passenden Ausdruck darüber notierst.

a) Melissa besitzt denselben Füller wie Esther.

b) Ben und Anton wohnen in demselben Haus.

c) Tim trägt dieselbe Brille wie Jonas.

d) Lea nimmt dasselbe Gericht wie Lisa.

„Wo“ als Nebensatzeinleitung korrekt gebrauchen

INFO

Das Wort „wo“ darf nur in wenigen Fällen zur Einleitung von Relativsätzen verwendet werden. Es ist nicht korrekt, die Relativpronomen „der, die, das“ durch „wo“ zu ersetzen, wenn diese sich auf Sachen, Begriffe oder Personen beziehen.
Falsch: *Der Mann, wo uns gestern besucht hat.*
Richtig: *Der Mann, der uns gestern besucht hat.*

„Wo“ darf nur anstelle einer Präposition mit Relativpronomen verwendet werden, wenn es sich um einen räumlichen oder zeitlichen Bezug handelt.
In der Stadt, wo sie wohnt, gibt es keine U-Bahn.
Während der Zeit, wo ich in der Schule gefehlt habe, habe ich viel versäumt.

1. In welchen der folgenden Sätze wird „wo“ anstelle eines Relativpronomens unzulässig verwendet? Kreuze an.

a) ☐ Das Fach, wo sie die schlechteste Note hatte, war Kunst.

b) ☐ Am Samstag, wo er sie darauf ansprach, wich sie ihm aus.

c) ☐ Die Rentnerin, wo unter mir wohnt, war auch da.

d) ☐ Man verständigte sich auf einen Kompromiss, wo beide Seiten zufrieden waren.

e) ☐ Sie wartete vor dem Kino auf Hannah, wo sie sich verabredet hatten.

f) ☐ Der Fall, wo ein Junge ohne Führerschein fuhr, kommt heute vor Gericht.

g) ☐ Sie gingen in die Altstadt, wo sich der Bahnhof befand.

2. Ersetze in den folgenden Sätzen den relativischen Anschluss mit „wo“ durch eine Präposition + Relativpronomen und schreibe die Sätze auf.

a) An das Fußballspiel, wo sie verloren hatten, erinnerten sie sich nur ungern.

b) Die Konferenz, wo sich die Experten trafen, fand in München statt.

c) Der Anschlag, wo gestern fünf Menschen verletzt wurden, ereignete sich in Tel Aviv.

d) Der Unglücksflug, wo das Sportflugzeug abstürzte, fand bei schwerem Unwetter statt.

e) Der Streit, wo die Freunde aneinandergeraten waren, wurde inzwischen geschlichtet.

f) Das Konzert, wo er das Cello spielte, war gut besucht.

3. Schreibe die Sätze aus Aufgabe 1, die eine falsche Nebensatzeinleitung enthalten, richtig auf, indem du „wo“ durch einen korrekten Ausdruck ersetzt.

„Das“ und „was“ – das richtige Relativpronomen wählen

INFO

Sowohl „das“ als auch „was“ können Relativsätze einleiten. Ihre Verwendung ist jedoch nicht beliebig. Wenn sich das Relativpronomen auf ein sächliches Nomen im übergeordneten Satz bezieht, steht immer „das“:
Das Buch, das ich gelesen habe, war sehr lustig.
„Was“ leitet den Relativsatz dagegen in folgenden Fällen ein:

a) Das Relativpronomen bezieht sich auf ein sächliches unbestimmtes Pronomen wie *„alles“, „nichts“, „etwas“, „manches“, „vieles“: Sie hatte ihm alles gesagt, was sie wusste.*

b) Das Relativpronomen bezieht sich auf den Inhalt des ganzen übergeordneten Satzes: *Jonas machte eine Pause, was er dringend nötig hatte.*

c) Das Relativpronomen bezieht sich auf ein nominalisiertes Adjektiv in der höchsten Steigerungsstufe (Superlativ): *Es war das Grausamste, was er je erlebt hatte.*

1. Setze „das“ oder „was“ ein. Achte darauf, worauf sich das Relativpronomen bezieht.

a) Es war das Schönste, ... er jemals besessen hatte.

b) Das Handy, ... er dabei hatte, funktionierte nicht.

c) Das Thema, ... er für den Vortrag gewählt hatte, war spannend.

d) Er erfuhr manches, ... er lieber nicht gewusst hätte.

e) Sie nahm das Geld, ... sie von ihrer Oma bekommen hatte.

f) Maik war in Berlin, ... Selina nicht wusste.

g) Jana hatte den ganzen Tag im Garten gearbeitet, ... sie müde machte.

h) Das Mädchen, ... vor ihm saß, begann, ihn zu interessieren.

2. In welchen der folgenden Sätze steht das falsche Relativpronomen? Schreibe diese Sätze verbessert in dein Heft.

a) Er hatte sein Zimmer aufgeräumt, was seine Mutter überraschte.
b) Das Konzert, was sie besuchen wollten, war ausverkauft.
c) Das Longboard, was er sich gekauft hatte, war sein ganzer Stolz.
d) Paul kam zu spät, was seinen Freund wütend machte.
e) Das Bild, das an der Wand hängt, ist neu.
f) Das Glas, was in der Spüle steht, ist schmutzig.

© Verlag an der Ruhr | Autorin: Birgit Lascho | ISBN 978-3-8346-2758-2 | www.verlagruhr.de

Verbindungen aus Präposition + „was“ durch Pronominaladverbien mit „wo-“ ersetzen (1/2)

INFO

In der gesprochenen Sprache, vor allem der Umgangssprache, kommt häufig die Verbindung Präposition + „was“ vor.
Für was mache ich das alles?
In der schriftlichen Standardsprache gilt dies als nicht korrekt. Hier werden anstelle dieser Verbindungen Pronominaladverbien mit „wo-“ verwendet, z. B. „worüber“, „worauf“.
Sie fragt, worüber (statt: über was) *die beiden geredet haben.*
Worauf (statt: auf was) *warten wir?*

1. Wie heißt das entsprechende Pronominaladverb mit „wo-“ zu den Verbindungen aus Präposition + „was“? Ergänze.

a) vor was / wovor	**b)** zu was /	**c)** nach was / ....
d) bei was /	**e)** gegen was /	**f)** hinter was / ....
g) mit was /	**h)** aus was /	**i)** durch was / ....
j) an was /	**k)** in was /	**l)** unter was / ....
m) für was /	**n)** auf was /	**o)** zwischen was / ....

2. Ersetze in den folgenden Sätzen die Verbindungen aus Präposition + „was“ durch die korrekten Pronominaladverbien und schreibe die veränderten Sätze in dein Heft.

a) Ich kann nicht verstehen, vor was er sich fürchtet.

Prominaladverb: ....

b) Er weiß nicht, durch was das Problem verursacht wird.

Prominaladverb: ....

c) Sie hatte keine Idee, mit was sie ihm eine Freude bereiten konnte.

Prominaladverb: ....

d) „In was besteht die Schwierigkeit?“, fragte Jan.

Prominaladverb: ....

e) Julia überlegt, hinter was er sich versteckt.

Prominaladverb: ....

f) Er war noch unschlüssig, für was er stimmen sollte.

Prominaladverb: ....

Verbindungen aus Präposition + „was“ durch Pronominaladverbien mit „wo-“ ersetzen (2/2)

3. Prüfe, welche Sätze Fehler enthalten, und schreibe sie verbessert darunter.

a) Sie sah am Etikett nach, aus was der Stoff bestand.

....

....

b) Melissa rätselt, unter was der Ring gekullert sein könnte.

....

....

c) Felix versucht herauszubekommen, wonach es riecht.

....

....

d) Bitte sagt, an was es mangelt.

....

....

e) Er wusste nicht, nach was er fragen sollte.

....

....

f) Manchmal weiß man nicht, woran man glauben soll.

....

....

g) Sophie erkundigt sich, bei was sich Charlotte am Finger verletzt hat.

....

....

Bei Homonymen den richtigen Artikel wählen

INFO

Manche Nomen sehen gleich aus, haben aber eine unterschiedliche Herkunft und Bedeutung. Oft unterscheiden sich diese Homonyme in ihrem grammatischen Geschlecht und stehen deshalb mit verschiedenen Artikeln. Diese muss man sich einprägen.

Das Pony (Kleinpferd)
Der Pony (Haare über der Stirn)

1. Ergänze jeweils den richtigen Artikel.

a) .... Sauerstoffgehalt ist bei diesem Gemisch hoch.

.... Gehalt ist bei diesem Beruf nicht gerade hoch.

b) .... See mit den Enten darauf befindet sich in der Nähe des Parkeingangs.

.... See ist heute ruhig, weil es windstill ist.

2. Welche in Schreibung und Lautung übereinstimmenden Nomen-Paare sind hier zu erraten? Schreibe die Nomen mit den Artikeln auf.

a) Lenkvorrichtung: ....

Lohnabgabe: ....

b) Nadelbaum: ....

Schädelknochen: ....

c) große Tür: ....

dummer, einfältiger Mensch: ....

d) Käufer: ....

Nachricht: ....

e) Pfahl: ....

Intensivfütterung bei Tieren: ....

f) Ungläubiger: ....

unbebautes, sandiges Land: ....

g) Hinweistafel: ....

Schutzwaffe: ....

h) Lohn: ....

persönliche Leistung: ....

i) Korridor im Haus: ....

nutzbare Ackerfläche: ....

j) Seil: ....

feuchter Niederschlag: ....

k) Lastkraftwagen: ....

Fehler: ....

l) Steighilfe: ....

Vorsteher: ....

© Verlag an der Ruhr | Autorin: Birgit Lascho | ISBN 978-3-8346-2758-2 | www.verlagruhr.de

Den richtigen Artikel bei Fremdwörtern wählen

INFO

Bestimmte Fremdwörter oder Nomen, die aus anderen Sprachen ins Deutsche übernommen wurden, werden häufig mit einem falschen Artikel versehen. Oft haben Fremdwörter, obwohl sie die gleiche Endung aufweisen, ein unterschiedliches grammatisches Geschlecht. Man kann diesen Wörtern also nicht ansehen, welchen Artikel man verwenden muss. Deshalb sollte man sich, um Fehler zu vermeiden, Fremdwörter immer mit ihrem Artikel einprägen und im Zweifelsfall im Wörterbuch nachschlagen.

1. In der Wörterschlange verstecken sich 18 Fremd- und Lehnwörter mit den dazugehörigen Artikeln. Finde die sie heraus, indem du die Wörter mit dazugehörigem Artikel einkreist und anschließend in dein Heft notierst. Präge dir die Schreibung der Fremdwörter und ihre Artikel anschließend gut ein.

DERPROVIANTDASKOMPOTTDERPAVILLONDASPRESTIGEDERPARCOURSDASFESTIVAL

DERAPERITIFDASBUDGETDERAPOSTROPHDASGENUSDERKASUSDASGENRE

DERNUMERUSDASPALAISDASCHANSONDASBULLETINDASBASSINDASMOSAIK

2. Finde heraus, welche Fremdwörter sich in den Buchstabensalaten verbergen, und schreibe die Wörter mit Artikel auf.

a) e u G s n: ....

b) a u s s K: ....

c) a P l s i a: ....

d) e n G e r: ....

e) u N r e m s u: ....

f) h n o s a n C: ....

g) d u B t e g: ....

h) t o m p o t K: ....

i) f i t e r i A p: ....

j) h p o r t s A p o: ....

k) i F a s t v e l: ....

l) o P r i v t n a: ....

m) e g P e r s t i: ....

n) l o n P i l a v: ....

o) r s c o u r a P: ....

p) o M i k a s: ....

q) s i n s a B: ....

r) e l B u l n i t: ....

3. Schlage die Bedeutung der Begriffe, die du nicht kennst, in einem Wörterbuch nach.

Den Plural bei Fremdwörtern richtig bilden (1/3)

INFO Fremdwörter haben oft eine besondere Pluralform, die unregelmäßig gebildet wird. Deshalb sollte man sich diese unregelmäßigen Pluralformen gut einprägen. Im Zweifelsfall kann man den korrekten Plural von Fremdwörtern im Wörterbuch nachschlagen.

1. Finde die Pluralformen in der Buchstabenschlange und unterstreiche sie.

PRAKTIKABADATENUNITEMPORAMIMECHANISMENILIVIRENBUMUSEENOLLIALBENP
EMINISTERIENJOLOZIRKUSSEDADASTIPENDIENUHUFIRMENNACELLIPOLORADIENG
UGIGYMNASIENOMOZYKLENALLOLOKONTENRHYTHMENTEGREMIENAMOZENTREN
PAPORGANISMENITAKAKTEENAURODRAMENIMIMATERIALIENKULIOPEINDIVIDUEN
OHOMYTHENTIPOPRAXEN

2. Ordne den unten stehenden Fremdwörtern die passenden Pluralformen aus Aufgabe 1 zu und schreibe sie jeweils daneben.

a) das Tempus – die ....
b) der Mythos – die ....
c) der Zirkus – die ....
d) der Kaktus – die ....
e) das Zentrum – die ....
f) das Datum – die ....
g) das Konto – die ....
h) das Material – die ....
i) die Firma – die ....
j) das Ministerium – die ....
k) der Radius – die ....
l) der Mechanismus – die ....
m) das Stipendium – die ....
n) der Organismus – die ....
o) das Cello – die ....
p) der/das Virus – die ....
q) das Praktikum – die ....
r) das Drama – die ....
s) das Album – die ....
t) das Gymnasium – die ....
u) der Rhythmus – die ....
v) die Praxis – die ....
w) das Museum – die ....
x) der Zyklus – die ....
y) das Gremium – die ....
z) das Individuum – die ....

Den Plural bei Fremdwörtern richtig bilden (2/3)

3. Bei manchen Fremdwörtern gibt es zwei Möglichkeiten, den Plural korrekt zu bilden. Notiere zu den unten stehenden Wörtern jeweils beide Pluralformen. Füge dazu passende Worthälften aus dem Kasten unten auf der Seite zusammen.

a) das Visum – die ....
die ....

b) das Examen – die ....
die ....

c) die Pizza – die ....
die ....

d) der Ballon – die ....
die ....

e) der Globus – die ....
die ....

f) das Risiko – die ....
die ....

g) das Pronomen – die ....
die ....

h) das Schema – die ....
die ....

i) das Lexikon – die ....
die ....

j) der Balkon – die ....
die ....

k) der Atlas – die ....
die ....

l) der Magnet – die ....
die ....

m) das Thema – die ....
die ....

n) das Komma – die ....
die ....

o) der Monitor – die ....
die ....

p) das Porto – die ....
die ....

At – lons – Risi – ben – Vi – ka – Bal – lanten – The – sa – Lexi – mata – Glo – lone – Mag – ken – Bal – men – Exa – nete – The – kos – Vi – lasse – Piz – mina – Bal – zen – Kom – toren – At – kone – Exa – sen – Risi – mas – Mag – tos – Glo – men – Kom – kons – Lexi – zas – Piz – ken – Bal – mata – Prono – busse – Por – neten – Moni – mata – Prono – tore – Sche – ti – Por – men – Sche – mina – Moni – men

Den Plural bei Fremdwörtern richtig bilden (3/3)

4. Ergänze die Pluralformen. Arbeite zunächst, ohne auf Teil 1 des Arbeitsblatts nachzusehen.

a) das Datum – die ....

b) die Firma – die ....

c) das Individuum – die ....

d) das Konto – die ....

e) das Album – die ....

f) der Rhythmus – die ....

g) das Drama – die ....

h) das Praktikum – die ....

5. Welche Pluralform ist jeweils richtig? Kreuze an.

a) das Museum
☐ die Museums
☐ die Museen

b) der Organismus
☐ die Organismusse
☐ die Organismen

c) das Gremium
☐ die Gremien
☐ die Gremia

d) das Zentrum
☐ die Zentri
☐ die Zentren

6. Welche beiden Pluralformen sind jeweils richtig? Kreuze an.

a) das Komma
☐ die Kommas
☐ die Kommatas
☐ die Kommata

b) der Atlas
☐ die Atlanta
☐ die Atlasse
☐ die Atlanten

c) der Globus
☐ die Globen
☐ die Globusse
☐ die Globi

d) das Lexikon
☐ die Lexikons
☐ die Lexika
☐ die Lexiken

7. Finde heraus, welche Sätze Fehler enthalten, und schreibe die korrigierte Fassung der Sätze in dein Heft.

a) Er holte die Visas für seine Frau, seine beiden Kinder und sich ab.

b) Alle Balkone des Hauses waren mit Blumenkästen geschmückt.

c) Für den Versuch benötigt man zwei Magneta.

d) Als Hausaufgabe sollen wir die Temporas lernen.

e) Meine Mutter hat viele Kakteen auf der Fensterbank stehen.

f) Es gibt viele antike Mythosse.

„Gewohnt“ und „gewöhnt“ grammatisch korrekt einsetzen

INFO

Die Bedeutung der Wörter „gewohnt“ und „gewöhnt“ ist nahezu gleich. Beide werden im Sinne von „mit etwas vertraut“ gebraucht. Die Begriffe unterscheiden sich jedoch darin, wie sie im Satz grammatisch verwendet werden. „Gewohnt“ wird mit dem Akkusativ oder mit einer Konstruktion von „zu“ + Infinitiv verbunden:
Sie ist die harte Arbeit gewohnt.
Sie ist (es) gewohnt, hart zu arbeiten.
Bei „gewöhnt“ müssen dagegen zusätzlich immer die Präposition „an“ bzw. die Pronominaladverbien „daran“ oder „woran“ stehen:
Sie ist an die harte Arbeit gewöhnt.
Sie ist daran gewöhnt, hart zu arbeiten.
Sie muss hart arbeiten, woran sie gewöhnt ist.
Nur dieser grammatische Gebrauch der beiden Wörter gilt in der Standardsprache als korrekt.

1. Kreuze den Satz an, der grammatisch richtig ist.

a) ☐ Sie hat sich an den Straßenlärm gewohnt.

b) ☐ Sie hat sich an den Straßenlärm gewöhnt.

2. Ergänze in den folgenden Sätzen „gewohnt“ oder „gewöhnt“.

a) Sie haben sich inzwischen wieder daran ...., in die Schule zu gehen.

b) Er ist es ...., einen schweren Ranzen zu tragen.

c) Sie ist viel Trubel ....

d) Die Klasse hat sich an ihre neue Klassenlehrerin ....

e) Er muss viel lernen, woran er .... ist.

f) Die Schüler sind es längst ...., Nachmittagsunterricht zu haben.

g) Die meisten sind bereits daran ...., auf dem Whiteboard zu schreiben.

3. Welche Sätze sind grammatisch nicht korrekt?
Finde sie und schreibe sie verbessert in dein Heft.

a) Er ist regelmäßiges Üben gewöhnt.

b) Sie sind nicht daran gewohnt, eigenständig zu arbeiten.

c) Paul musste etwas vortragen, woran er nicht gewöhnt war.

d) Die beiden sind es gewöhnt, im Haushalt zu helfen.

e) Er ist daran gewöhnt, seine Hausaufgaben allein zu erledigen.

f) Lara ist an frühes Aufstehen gewohnt.

Die Partizipien „gesinnt“ und „gesonnen“ richtig verwenden

INFO

Die Partizipien „gesinnt“ und „gesonnen“ haben eine unterschiedliche Bedeutung. „Gesinnt“ bedeutet „von einer bestimmten Gesinnung“.
Er war politisch anders gesinnt als Maik.
„Gesonnen“ bedeutet „willens, gewillt sein“ und wird nur in Verbindung mit dem Verb „sein“ gebraucht.
Er war nicht gesonnen, noch länger zu warten.

Deshalb ist in der Standardsprache auch nur die Verwendung des Adjektivs „wohlgesinnt“ korrekt, während die in der Umgangssprache gebrauchte Form „wohlgesonnen“ als falsch gilt.

1. Ergänze in den Sätzen „gesinnt“ oder „gesonnen“.

a) Die beiden sind auf jeden Fall demokratisch ....

b) Er war ihm treu ....

c) Sie hatte das Gefühl, dass die Lehrerin ihr nicht wohl .... war.

d) Ihre Eltern waren nicht ...., ihr das Taschengeld zu erhöhen.

e) Sie trafen sich dort mit gleich .... Leuten.

f) Ich bin nicht ...., dein Verhalten weiter zu tolerieren.

g) Er bewegte sich in fortschrittlich .... Kreisen.

h) Sie war ihm übel ....

2. Korrigiere die Sätze, in denen „gesinnt“ oder „gesonnen“ fehlerhaft eingesetzt ist, und schreibe die betreffenden Sätze richtig in dein Heft.

a) Er war nicht gesinnt, seine Hausaufgaben zu erledigen.

b) Die Prüferin war ihr wohlgesonnen.

c) Der Wähler war dem Politiker treu gesinnt und gab ihm seine Stimme.

d) Mit gleich gesonnenen Leuten gründete er eine Interessenvereinigung.

e) Sie war nicht gesonnen, ihm die Fahrkarte zu bezahlen.

f) Er ließ sie unmissverständlich wissen, dass er nicht gesinnt war, ständig für sie aufzuräumen.

Gleich klingende Nomen in ihrer Bedeutung unterscheiden und richtig schreiben (1/2)

INFO

Im Deutschen gibt es eine geringe Anzahl von Nomen mit ähnlicher Schreibung, die häufig miteinander verwechselt werden, weil sie gleich oder sehr ähnlich klingen. Deshalb ist es ratsam, sich die Schreibweisen dieser Wörter mit ihrer jeweiligen Bedeutung einzuprägen.

Im Zweifelsfall kann man die Schreibweise dieser Wörter im Wörterbuch nachschlagen.
Saldo (Unterschiedsbetrag beim Konto) ↔ *Salto* (Überschlag)
Nachname (Familienname) ↔ *Nachnahme* (Gebühr, die der Postbote kassiert)

1. Ordne die Wörter aus dem Kasten den unten stehenden Erklärungen zu.

Rad – Lied – Urzeit – Laib – Miene – Lid – Rat – Stiel – Mine – Leib – Uhrzeit – Stil

.... ↔ ....
Stäbchen in einem Bleistift oder Kugelschreiber — Gesichtsausdruck

.... ↔ ....
künstlerische Darstellungsweise — Stängel einer Pflanze/Haltegriff beim Besen

.... ↔ ....
Augendeckel — Gesangsstück

.... ↔ ....
Empfehlung, Hinweis — scheibenförmiges Teil zur Fortbewegung

.... ↔ ....
Körper — rundes Stück Brot oder Käse

.... ↔ ....
Zeitalter zu Beginn der Menschheitsgeschichte — Zeitbezeichnung innerhalb von 24 Stunden

Gleich klingende Nomen in ihrer Bedeutung unterscheiden und richtig schreiben (2/2)

2. Ergänze in den folgenden Sätzen inhaltlich passende Nomen aus Aufgabe 1. Achte dabei auf die richtige Schreibung.

a) Herr Meyer kaufte einen .... Brot.

b) In der .... gab es Dinosaurier.

c) Pass auf, die Rose hat viele Dornen am ....

d) Die Wimpern befinden sich am ....

e) Er fragte seinen Vater um ....

f) Die Kugelschreiber .... ist leer.

g) Der Dichter hat einen tollen Schreib ....

h) Sie erkundigte sich nach der ...., da Lara den Zug bekommen wollte.

i) Anschließend singen wir ein selbst komponiertes ....

j) Er kaufte sich ein neues Fahr ....

k) Sie wurde wütend und ihre .... verfinsterte sich.

l) Er hatte Schmerzen am ganzen ....

3. Einige der Sätze enthalten Rechtschreibfehler. Finde und verbessere die Fehler, indem du die falsch geschriebenen Wörter durchstreichst und das Wort in korrekter Schreibung darüber notierst.

a) In der Uhrzeit gab es noch keine moderne Technik.

b) Er zerbrach beim Kehren den Besenstil.

c) Gestern wurde der neue Radweg von Cappel nach Gisselberg eröffnet.

d) Die Bleistiftmiene bricht dauernd ab.

e) Sie kaufte einen Laib Käse.

f) Seine Augenlieder fielen zu und er schlief ein.

Ähnlich lautende Gegensatzwörter kennen und richtig verwenden (1/2)

INFO

Manche Gegensatzwörter (Antonyme) sehen ähnlich aus und unterscheiden sich nur in einem Wortteil voneinander. Um Verwechslungen auszuschließen und nicht versehentlich das Gegenteil von dem, was man sagen will, auszudrücken, ist es ratsam, sich den genauen Wortlaut dieser Wörter und ihre Bedeutung einzuprägen.

inklusive (mit eingeschlossen) ↔ *exklusive* (ohne)

1. **Entscheide mithilfe der Worterklärungen und Buchstabenplatzhalter, welche der Wortteile aus dem Kasten die unten stehenden Begriffe sinnvoll ergänzen, und vervollständige sie. Schlage, wenn du unsicher bist, die Bedeutung der Wortteile nach.**

ex – im – bru – ex – ne – im – homo – ob – ex – sub – in – hetero

a) .... jektiv
aus persönlicher Sicht betrachtet
↔
.... jektiv
aus neutraler Sicht betrachtet

b) .... tto
ohne Abzug von Steuern
↔
.... tto
nach Abzug von Steuern

c) .... plizit
mit gemeint, nicht ausdrücklich
↔
.... plizit
ausdrücklich, direkt

d) .... gen
gleichartig
↔
.... gen
verschiedenartig

e) .... trovertiert
verschlossen, in sich gekehrt
↔
.... trovertiert
kontaktfreudig, seine Gefühle zeigend

f) .... portieren
(ins Land) einführen
↔
.... portieren
(aus dem Land) ausführen

Ähnlich lautende Gegensatzwörter kennen und richtig verwenden (2/2)

2. Ergänze die Sätze mit dem jeweils inhaltlich passenden Wort aus dem Kasten.

extrovertiert – objektiv – homogen – exportiert – implizit – netto – importiert – heterogen – subjektiv – introvertiert – brutto – explizit

a) Ein Richter muss stets .... urteilen, also aus neutraler Perspektive.

b) Lisa ist ...., sie ist sehr mitteilsam und zeigt ihre Gefühle deutlich.

c) Sie verdient 2758 Euro ...., davon gehen jedoch noch die Steuern ab.

d) Das hat er .... gesagt, also deutlich und direkt verlauten lassen.

e) Diese Autos sind aus Japan zu uns nach Deutschland eingeführt, also .... worden.

f) Das Leistungsniveau dieser Lerngruppe ist ...., da die Lernenden unterschiedliche Vorkenntnisse besitzen.

g) Damit hat er .... zugegeben, dass er daran beteiligt war, ohne es direkt zu sagen.

h) Boris war ein verschlossener Junge, er war sehr ....

i) Das kostet 182 Euro ...., das heißt, in diesem Betrag ist die Mehrwertsteuer noch nicht enthalten.

j) Die soziale Zusammensetzung dieser Gruppe ist ...., da alle Mitglieder aus ähnlichen sozialen Verhältnissen kommen.

k) In seinem Tagebuch berichtet er über die Angelegenheit ...., es ist aus persönlicher Sicht geschrieben.

l) Nächstes Jahr sollen wieder mehr Autos .... werden. Besonders die USA sollen dabei als Kunde gewonnen werden.

Ähnliche Adjektive in ihrer Bedeutung unterscheiden (1/3)

INFO

Im Deutschen gibt es einige Adjektive, die häufig miteinander verwechselt werden, weil sie in Teilen gleich lauten und/oder klingen. Deshalb sollte man sich diese Adjektive und ihre Bedeutungen gut einprägen.

künstlich (nicht natürlich) ≠ *künstlerisch* (die Kunst betreffend)

1. Ordne die Adjektive aus dem Kasten den passenden Worterklärungen zu. Die Buchstabenplatzhalter helfen dir dabei.

ethnisch – islamisch – asozial – gütig – geistlich – hermetisch – psychisch – gütlich – hermeneutisch – antiquarisch – ethisch – unsozial – antiquiert – geistig – islamistisch – physisch

a) .... ≠ ....
den Geist (Verstand) betreffend — die Religion betreffend, kirchlich

b) .... ≠ ....
körperlich — seelisch

c) .... - .... ≠ ....
gebraucht, alt — veraltet, überholt

d) .... ≠ ....
die Moral betreffend, sittlich — die Kultur und Herkunft einer Volksgruppe betreffend

e) .... ≠ ....
freundlich, verständnisvoll, nachsichtig — friedlich, ohne Streit vor Gericht

f) .... ≠ ....
nicht sozial, nicht auf das Allgemeinwohl der Gesellschaft ausgerichtet — unfähig zum Leben in der Gesellschaft, am Rande der Gesellschaft lebend

g) .... ≠ ....
undurchlässig, dicht verschlossen — die Interpretation von Texten betreffend

h) .... ≠ ....
den Islam allgemein betreffend — fundamentalistisch, kompromisslos an Glaubensgrundsätzen festhaltend

Ähnliche Adjektive in ihrer Bedeutung unterscheiden (2/3)

2. Ordne die Adjektive aus dem Kasten den Worterklärungen in der linken Spalte zu.

episch – original – logisch – kindlich – zweistündig – labil – karikativ – legal – ökonomisch

a)	.... in der Art eines Kindes, wie ein Kind	≠	.... albern, nicht dem Alter entsprechend
b)	.... ursprünglich, echt	≠	.... einfallsreich, ungewöhnlich
c)	.... dem Gesetz entsprechend	≠	.... berechtigt, angemessen
d)	.... verspottend, verzerrt komisch	≠	.... gemeinnützig, sozial
e)	.... nicht stabil, unausgeglichen	≠	.... verborgen, versteckt
f)	.... wirtschaftlich, effizient	≠	.... umweltfreundlich, umweltbewusst
g)	.... folgerichtig, klar	≠	.... die Logistik (Beschaffung und Lagerun von Produkten) betreffend
h)	.... zwei Stunden dauernd	≠	.... alle zwei Stunden stattfindend
i)	.... (weit ausholend) erzählend, die erzählende Versdichtung betreffend	≠	.... die Kultur und Herkunft einer Volksgruppe betreffend

3. Ordne die Adjektive aus dem Kasten den Worterklärungen in der rechten Spalte zu.

latent – zweistündlich – legitim – originell – logistisch – kindisch – karitativ – ethnisch – ökologisch

Ähnliche Adjektive in ihrer Bedeutung unterscheiden (3/3)

4. Ergänze die Sätze mit den passenden Adjektiven aus den Aufgaben 1–3.

a) Das ist ...., da es im Gesetzbuch steht.

b) Er ist .... erkrankt, denn er leidet unter Depressionen.

c) Das Geld ist für .... Zwecke, nämlich für die Behindertenhilfe, bestimmt.

d) Die streitenden Parteien einigten sich ...., sodass das Gericht nicht tätig werden musste.

e) Der Jugendliche verhielt sich ....: Er setzte sich beleidigt wie ein Kleinkind unter den Tisch.

f) Trotz ihres Alters ist sie .... noch sehr fit und löst jeden Tag mehrere Kreuzworträtsel.

5. In einigen der folgenden Sätze finden sich Adjektive, die nicht zur Aussage des Satzes passen. Streiche die fälschlich eingesetzten Adjektive durch und schreibe jeweils das ähnliche Wort mit der richtigen Bedeutung darüber.

a) Auf der Versammlung trafen sich die geistigen Vertreter aller Landeskirchenkreise.

b) Die Arbeit ist psychisch sehr anstrengend, da man ständig schwere Sachen schleppen muss.

c) Dass Frauen die Erziehung der Kinder übernehmen, ist eine antiquarische Auffassung.

d) Das ist ein ökologisches Auto, denn es produziert nur wenig Abgase.

e) Der Zug fährt zweistündig, also um 12, 14, 16 und 18 Uhr.

f) Sein Anspruch ist legal, denn er hat die Arbeitsleistung erbracht.

g) Dieser Junge ist labil, da er unter Gefühlsschwankungen leidet.

h) Es ist eine ethnische Frage, wie weit die Medizin hier gehen darf.

i) Dieser Käse stammt originell aus der Schweiz.

j) Die Produktion ist ökologisch, da die Maschinen ständig laufen und nie stillstehen.

k) Die Kürzungen bei den sozialen Leistungen sind asozial.

© Verlag an der Ruhr | Autorin: Birgit Lascho | ISBN 978-3-8346-2758-2 | www.verlagruhr.de

Ähnliche Nomen in ihrer Bedeutung unterscheiden (1/2)

INFO

Einige Fremdwörter und Fachbegriffe werden häufig miteinander verwechselt, weil jeweils ein Teil des Wortes gleich ist oder die Wörter ähnlich klingen. Damit man stets den richtigen Begriff verwendet, ist es nötig, sich die Schreibung der Nomen und ihre Bedeutungen zu merken.

Synopse (vergleichende Übersicht) ≠ *Synode* (Versammlung evangelischer Kirchenvertreter)

1. Ordne die Wörter aus dem Kasten den Worterklärungen in der linken Spalte zu und schreibe sie auf.

Reparatur – Addition – Kontingent – Meditation – Affekt – Präsenz – Rezension – Empathie – Antagonist – Komplott – Referenz – Invasion

a)	Einfühlungsvermögen:	≠	Zuneigung: ....
b)	Zusammenzählung:	≠	(Buch)Ausgabe: ....
c)	gefühlsmäßige Handlung:	≠	Auswirkung: ....
d)	Gegenspieler:	≠	Hauptfigur: ....
e)	gewaltsamer Einmarsch:	≠	Umkehrung: ....
f)	verfügbare Menge:	≠	Erdteil: ....
g)	Verschwörung:	≠	Nachtisch: ....
h)	religiöse Versenkung:	≠	Streitschlichtung: ....
i)	Anwesenheit:	≠	Zeitstufe der Gegenwart: ....
j)	Empfehlungsschreiben:	≠	Ehrerbietung: ....
k)	Wiederinstandsetzung:	≠	Entschädigungszahlung: ....
l)	Buchbesprechung:	≠	Konjunkturrückgang: ....

2. Ordne die Wörter aus dem Kasten unten den Worterklärungen in der rechten Spalte zu.

Protagonist – Reverenz – Sympathie – Effekt – Rezession – Edition – Kontinent – Reparation – Inversion – Präsens – Kompott – Mediation

Ähnliche Nomen in ihrer Bedeutung unterscheiden (2/2)

3. Ergänze die Sätze mit den passenden Nomen aus den Aufgaben 1 und 2.

a) Das .... bezeichnet die Zeitstufe der Gegenwart.

b) Gestern habe ich eine .... zu dem neuen Roman von Uwe Muster gelesen.

c) Der Täter handelte im ...., sein Verstand war ausgeschaltet.

d) Jede Lehrkraft hat nur ein gewisses .... zum Kopieren.

e) Die .... ist erfolgreich verlaufen, der Streit der beiden ist beigelegt.

f) Fabian Heinze ist der .... in diesem Roman, da er durchgehend an der Handlung beteiligt ist und es bei dem Konflikt um ihn geht.

g) Besorgt euch bitte die .... mit Anmerkungen aus dem Reclam-Verlag.

h) Bei ihrer .... in das Nachbarland zerstörten die Römer viele Städte.

4. Finde in den folgenden Sätzen die Nomen, die nicht zur Aussage des Satzes passen. Streiche die fälschlich eingesetzten Nomen durch und schreibe jeweils das ähnliche Wort mit der richtigen Bedeutung darüber.

a) An dem Kompott waren etliche Politiker Roms beteiligt.

b) Er konnte sich nicht in ihre Lage versetzen, ihm fehlte jegliche Sympathie.

c) Die Applaudierenden erwiesen dem Preisträger ihre Reverenz.

d) Viele Menschen haben Angst vor einer wirtschaftlichen Rezension,

die den Lebensstandard senken könnte.

e) Für die Reparatur der Uhr benötigen wir mindestens fünf Werktage.

f) Die Präsenszeiten sind: montags bis freitags von 9 bis 16 Uhr.

g) In der fünften Szene stehen sich Gräfin Dolores und der Bote Theodosius gegenüber,

wobei sich der Bote zum Protagonisten der Gräfin entwickelt.

h) Durch die Mediation fand er seine innere Ruhe wieder und schöpfte neue Lebenskraft.

Fehler bei Wortbildung und Wendungen umgehen (1/3)

INFO

In der Umgangssprache werden durch Sprechfehler manchmal Wörter oder Wendungen neu gebildet, die so in der Standardsprache nicht vorkommen. Dies geschieht zumeist bei Wörtern oder Wendungen, die formal oder inhaltlich ähnlich sind und vom Sprecher fälschlich in ein Wort oder eine Wendung zusammengezogen werden.
Vortragung (falsche Wortmischung aus: *Vortrag* und *Vorlesung*)
Die Sitte hat sich eingebildet (falsche Wortmischung aus: *sich einbürgern* und *sich bilden*)
Um Fehler zu vermeiden, sollte daher immer der originale Wortlaut beachtet werden und geprüft werden, inwieweit es die verwendete Form tatsächlich gibt bzw. inwieweit die Wendung im Satzzusammenhang einen Sinn ergibt.

1. Unten findest du zehn falsche Wortmischungen, die aus der Zusammenziehung von verschiedenen Wörtern und Wendungen entstanden sind. Überlege, welche zwei Wörter oder Wendungen den Wortmischungen jeweils zugrunde liegen, und schreibe sie auf. Hilfe findest du im Wortkasten unten auf der Seite.

a) zumindestens: ....
....

b) einplaniert: ....
....

c) aufoktroyieren: ....
....

d) insbesonders: ....
....

e) zusammenaddieren: ....
....

f) Rückerstattung: ....
....

g) entstammt aus: ....
....

h) im Gegenteil dazu: ....
....

i) sich antrainieren: ....
....

j) dahingegen: ....
....

hingegen – stammt aus – besonders – aufzwingen – Erstattung – zusammenzählen – trainieren – eingeebnet – im Gegenteil – mindestens – entstammt – im Gegensatz dazu – zumindest – sich aneignen – Rückzahlung – oktroyieren – planiert – addieren – insbesondere – dagegen

Fehler bei Wortbildung und Wendungen umgehen (2/3)

2. Ermittle, aus welchen Wörtern oder Wendungen die unten stehenden Wortmischungen fälschlich gebildet wurden. Schreibe die beiden Wörter oder Wendungen, die es in der Standardsprache tatsächlich gibt, unter die Wortmischungen auf die Linien. Wenn du Hilfe benötigst, orientiere dich am Wortkasten unten auf der Seite.

a) zum Vorschein treten:

....

....

b) seines Wissens nach:

....

....

c) auseinanderteilen:

....

....

d) Antiatomwiderstandsbewegung:

....

....

e) um seiner ... wegen:

....

....

f) einen schlechten Eindruck ausüben:

....

....

g) meines Erachtens nach:

....

....

h) von meinem Blickpunkt aus:

....

....

meiner Meinung nach – von meinem Standpunkt aus – einen schlechten Eindruck machen – seiner ... wegen – auseinandernehmen – nach seinem Wissen – um seiner ... willen – Antiatombewegung – zum Vorschein kommen – meines Erachtens – einen schlechten Einfluss ausüben – Atomwiderstandsbewegung – zutagetreten – seines Wissens – aus meinem Blickwinkel heraus – teilen

Fehler bei Wortbildung und Wendungen umgehen (3/3)

3. Unterstreiche jeweils die falschen Wörter und Wendungen in den Sätzen und schreibe die Sätze verbessert in dein Heft.

a) Insbesonders bei der Ernährung sollte man nicht sparen.

b) Seines Wissens nach wollte sie erst abends kommen.

c) Um seiner Gesundheit wegen tritt er kürzer.

d) Er oktroyierte ihr seinen Willen auf.

4. In welchen der folgenden Sätze finden sich Wörter und Wendungen, die durch falsche Zusammenziehung entstanden sind? Markiere die entsprechenden Stellen und schreibe eine korrigierte Fassung der Sätze in dein Heft.

a) Er engagierte sich in der Antiatomwiderstandsbewegung.

b) Das Gelände wurde planiert.

c) Die Rückerstattung des zu viel bezahlten Geldes erfolgt nach Abschluss der Fahrt.

d) Sie behauptet dahingegen, dass das nicht stimmt.

e) Dieser Junge übt einen schlechten Einfluss auf Ben aus.

f) Meines Erachtens nach sollte die Klassenfahrt nicht zu teuer werden.

g) Du kannst die Einzelbeträge zusammenaddieren.

h) Von meinem Blickpunkt aus ergibt ein solches Vorgehen keinen Sinn.

i) Florian hat sich diese Fähigkeit alleine angeeignet.

j) Du hättest zumindestens anrufen können.

k) Sie teilte die Torte in zwölf Stücke.

l) Er entstammt aus einer adligen Familie.

m) Wer weiß, was bei der Untersuchung noch zum Vorschein tritt.

n) Im Gegenteil dazu spricht sich Herr Glaser für die Einrichtung einer Klassenkasse aus.

Auf vollständige Sätze achten (1/2)

INFO

Ein Satz besteht in der deutschen Sprache immer mindestens aus einem Prädikat und einem weiterem Satzglied, das das Prädikat erfordert, damit es sich bei der Konstruktion um einen korrekten Satz handelt. Zudem können Nebensätze, Partizip- und Infinitivgruppen sowie Satzteile im Deutschen nicht für sich stehen, sondern müssen immer grammatisch an einen Hauptsatz angebunden werden. Ansonsten handelt es sich um unvollständige Sätze, die in der Standardsprache als grammatisch falsch gelten. Deshalb sollte man immer darauf achten, vollständige Sätze zu bilden.
Falsch: *Darauf der Prinz, dass er gleich komme. Und dass er seine Geliebte finden werde.*
Richtig: *Darauf verkündete der Prinz, dass er gleich komme und dass er seine Geliebte finden werde.*

1. Kreuze an, welche der Sätze jeweils grammatisch korrekt sind.

a) ☐ Sie ist Floristin, also verdient nicht viel.

☐ Sie ist Floristin, also verdient sie nicht viel.

b) ☐ Die Anzahl der öffentlichen Briefkästen hat abgenommen. Besonders weil immer mehr E-Mails versandt werden.

☐ Die Anzahl der öffentlichen Briefkästen hat abgenommen, besonders weil immer mehr E-Mails versandt werden.

c) ☐ Man könnte einen weiteren Experten hinzuziehen, wie zum Beispiel Herrn Professor Müller.

☐ Man könnte einen weiteren Experten hinzuziehen. Zum Beispiel Herrn Professor Müller.

d) ☐ Immer mehr Betriebe verlagern ihre Produktion nach Osteuropa. Weil zum Beispiel in Polen sind die Lohnkosten niedriger.

☐ Immer mehr Betriebe verlagern ihre Produktion nach Osteuropa, weil zum Beispiel in Polen die Lohnkosten niedriger sind.

e) ☐ Man muss bei Steuerhinterziehung harte Strafen verhängen. Wird sonst immer weiter praktiziert.

☐ Man muss bei Steuerhinterziehung harte Strafen verhängen. Steuerhinterziehung wird sonst immer weiter praktiziert.

© Verlag an der Ruhr | Autorin: Birgit Lascho | ISBN 978-3-8346-2758-2 | www.verlagruhr.de

Auf vollständige Sätze achten (2/2)

2. Kreuze an, bei welchen Beispielen es sich um unvollständige Sätze handelt, die grammatisch nicht korrekt sind.

a) ☐ Die Autorin beklagt, dass dieser Vorschlag schwer in die Praxis umzusetzen ist. Und dass ein solches Vorgehen teuer ist.

b) ☐ Die Jugendliche ist schüchtern, also wird sich nicht trauen, ihre Freundin um Hilfe zu bitten.

c) ☐ Latein fällt nicht allen Schülern leicht, besonders Max fällt es schwer.

d) ☐ Wir könnten bei unserer Abschlussfahrt in eine europäische Hauptstadt fahren. Zum Beispiel London.

e) ☐ Immer mehr Jugendliche scheitern am Gymnasium. Weil der Leistungsdruck in der verkürzten Sekundarstufe I hat so zugenommen.

f) ☐ Boris wütend. Weiß nicht, was er tun soll. Er fühlt sich von den anderen alleingelassen.

g) ☐ Er besitzt keine starke Persönlichkeit, also wird er sich dem Willen seiner Eltern fügen.

h) ☐ Sie geht in den Garten, weil sie hofft, den Geliebten dort zu treffen.

i) ☐ Dieses Verhalten ärgert seine Eltern. Vor allem seinen Vater.

j) ☐ Es wurden nicht alle Anwesenden von dem Wachtmeister verhört. Der Sohn zum Beispiel nicht.

3. Schreibe die angekreuzten Sätze aus Aufgabe 2 verbessert auf.

....

....

....

....

....

....

....

....

....

....

Unklare Bezüge von Personalpronomen vermeiden

INFO

Mit Personalpronomen kann man Nomen ersetzen und somit Wiederholungen vermeiden. Das hilft, Eintönigkeit bei Texten zu vermeiden.
Tim isst ein Eis. Er genießt die Ferien.
Bei dem Gebrauch von Personalpronomen sollte man jedoch darauf achten, dass keine unklaren Bezüge entstehen, und ein Personalpronomen am besten nur dann verwenden, wenn es sich auf das letztgenannte grammatisch passende Nomen beziehen soll und kein unklarer Bezug entsteht.
Tim isst einen Burger. Er ist ungenießbar.
(Wer? Tim oder der Burger?)
Wenn der Bezug nicht eindeutig ist, sollte man das betreffende Nomen nicht durch ein Personalpronomen ersetzen, sondern das Nomen wiederholen, um Missverständnisse auszuschließen.

1. Ersetze die Nomen in Klammern in den Sätzen durch Personalpronomen, bei denen der inhaltliche Bezug zum ersten Satz eindeutig ist. Unterstreiche in den Sätzen, bei denen man das Nomen nicht ersetzen sollte, weil sonst ein unklarer Bezug entsteht, das Nomen in Klammern und lasse die Lücke frei.

a) Jana trifft sich in der Stadt mit ihrer Schwester. .... (Jana) hat ihren Freund dabei.

b) Maik begrüßt seine Gäste. .... (Maik) schüttelt ihnen persönlich die Hand.

c) Anna begegnet ihrer Klavierlehrerin. .... (Anna) ist sehr erfreut.

d) Igor räumt seine Sachen zusammen. .... (Igor) packt alles in seinen Rucksack.

e) Unsere Schule liegt in der Stadt. .... (die Schule) ist groß.

f) Lea sucht ihre Fahrkarte. .... (Lea) ist geknickt.

g) Nora kauft sich eine neue Tasche. .... (die Tasche) ist aus grünem Leder.

h) Jonas ruft seinen Freund an. .... (Jonas) hat sich schon länger nicht mehr gemeldet.

2. Prüfe jeweils, ob der Bezug des Personalpronomens im zweiten Satz zu dem in Klammern angegebenen Nomen im vorhergehenden Satz eindeutig ist, und schreibe die aufeinanderfolgenden Sätze gegebenenfalls verbessert in dein Heft.

a) Johanna kauft sich eine Kette. Sie ist silbern. (die Kette)

b) Die Politikerin spricht von der Lage der Partei. Sie ist verzweifelt. (die Politikerin)

c) Nils hat mit Frank gestritten. Er ist immer noch beleidigt. (Nils)

d) Miriam bestellt sich eine neue Jacke. Sie ist aus Jeansstoff. (die Jacke)

e) Die Großeltern laden ihre Enkel zu einer Bergtour ein. Sie wandern gern. (die Großeltern)

f) Der Autor begründete den Stil des Realismus. Er zeichnete sich durch Klarheit aus. (der Stil)

Auf Übereinstimmung des Numerus von Subjekt und Prädikat achten

INFO

Wenn das Subjekt eines Satzes eine Mengenangabe von Personen oder Gegenständen bezeichnet, muss darauf geachtet werden, dass der Numerus des Prädikats grammatisch mit dem des Subjekts übereinstimmt. Wenn es sich um ein einzelnes Subjekt im Singular (Einzahl) handelt, steht auch das Prädikat im Singular.
Eine Vogelschar flog über uns hinweg.
Die Menge ist sehr aufgebracht.

Wenn das Subjekt aus zwei oder mehr Teilen im Singular besteht, die durch „und" miteinander verbunden sind, steht das Prädikat im Plural (Mehrzahl).
Fahrer und Beifahrer stehen unter Schock.
Der große Hund und der kleine Welpe spielten miteinander.

1. Setze jeweils das Prädikat im richtigen Numerus im Präsens ein.

a) Die Mitglieder der Fußball-AG .... (ziehen) sich jetzt um.

b) Die Fußballmannschaft .... (bestehen) aus alten und jungen Spielern.

c) Bei diesem Sachtext .... (fallen) die Wortwahl und der Satzbau auf.

d) Die Klasse 9b .... (gestalten) ihr Klassenzimmer selbst.

e) Reiter und Pferd .... (sein) nach dem Sturz wohlauf.

f) Eine hohe Anzahl von Schülern .... (fahren) mit dem Fahrrad zur Schule.

2. Prüfe, in welchen Sätzen der Numerus von Subjekt und Prädikat grammatisch nicht übereinstimmt. Schreibe jeweils die korrigierte Fassung der Sätze in dein Heft.

a) Die Linie 5 und die Linie 8 hält direkt am Domplatz.

b) Nur eine geringe Anzahl der Bürger kam zu der Befragung.

c) Der Tatort und das nebenstehende Gebäude wurde abgesperrt.

d) Die Mehrzahl der Schülerinnen und Schüler besitzen einen eigenen Computer.

e) Der Schulchor trifft sich in der dritten Stunde zur Chorprobe in Raum 204.

f) Die Klasse 10a und die Klasse 10b fährt nach München auf Klassenfahrt.

g) Die Lerngruppe arbeitet schon seit vielen Jahren in dieser Zusammensetzung.

h) Die Mitglieder des Festkomitees bespricht am Sonntag die weitere Planung.

i) Der Bus und die Regionalbahn fährt sonntags nur selten.

j) Die Schach-AG fällt morgen aus.

Den richtigen Numerus bei relativischen Anschlüssen wählen

INFO

Wenn im Hauptsatz eine einzelne Person oder Sache aus einer Vielzahl gleicher Personen und Dinge herausgehoben wird und ein Relativsatz an das Wort anschließt, das die Vielzahl bezeichnet und im Plural steht, dann müssen auch das Relativpronomen und das Prädikat des Relativsatzes im Plural stehen. Das gilt nur, wenn das Relativpronomen das Subjekt des Relativsatzes darstellt.
Die Firma verwendet eine der modernsten Techniken, die heute eingesetzt werden.

1. Ergänze jeweils das Relativpronomen „der/die/das" im richtigen Numerus sowie das Prädikat im Präsens in der grammatisch passenden Form.

a) Sie ist eine der ersten Frauen, ... einen Flugschein gemacht .... (haben).

b) Sie ist die netteste aller Verkäuferinnen, ... in dem Laden .... (arbeiten).

c) Das ist eine der ökonomischsten Maschinen, ... gerade auf dem Markt .... (sein).

d) Er ist der schnellste Läufer aus dem Kreise der Sportler, ... dort .... (sitzen).

e) Diese Gebirgslandschaft stellt eine der höchsten Erhebungen dar, ... auf der Welt .... (existieren).

f) Das ist das größte aller Geschäfte, ... sich im Einkaufscenter .... (befinden).

2. Finde die Sätze, die Fehler aufweisen, und schreibe diese Sätze verbessert in dein Heft. Achte dabei darauf, ob das Relativpronomen das Subjekt des Relativsatzes ist.

a) Das ist das neuste aller Automodelle, das mit Strom fährt.

b) Es ist eines der spannendsten Bücher, die es gibt.

c) Er war der erste aller Menschen, der den Mond betrat.

d) Wolfsburg ist eine der wenigen Industriestädte, die es im 18. Jahrhundert noch nicht gab.

© Verlag an der Ruhr | Autorin: Birgit Lascho | ISBN 978-3-8346-2758-2 | www.verlagruhr.de

Bei nachgestellten Appositionen auf den richtigen Kasus achten

INFO

Nachgestellte Appositionen stehen immer in demselben Fall wie das Nomen, auf das sie sich beziehen. Es ist wichtig, auf den richtigen Kasus der Apposition zu achten, um Fehler zu vermeiden.

Er rief Maik, einen Mitschüler, an.
Sie schenkte dem Kind, einem kleinen Jungen, einen Luftballon.

1. Ergänze die Sätze jeweils mit der in Klammern stehenden Wortgruppe in der grammatisch passenden Form.

a) Sie bargen die Verletzte, ... (eine 45-jährige Frau).

b) Er erzählte Noah, ... (ein guter Freund) von ihm, von dem Plan.

c) Die Mieterin, ... (eine alte Dame), öffnete.

d) Doch Ben, ... (ihr Sohn), der die Ruhe weghat, stört das nicht.

e) Die beiden nähern sich dem Rathaus, ... (ein riesiges Gebäude).

f) Sie nahm sich des jaulenden Tieres, ... (ein Dackel), der vor der Haustür saß und hereingelassen werden wollte, an.

2. Finde die Sätze, die Fehler enthalten. Schreibe die Sätze verbessert auf.

a) Er packte den Stift, ein Kugelschreiber, ein.

....

b) Sie nahm ihm das Gepäck, einen schweren Koffer, ab.

....

c) Der Bankräuber hatte sich der Tatwaffe, eine abgesägte Schrotflinte, im Park entledigt.

....

d) Die Jugendlichen bestiegen das Schiff, einen modernen Dampfer.

....

e) Vor der Tür sah Frau Schmidt ein Kind, ein Junge mit einem Federballschläger, stehen.

....

f) Im Flur begegnete sie Frau Müller, eine Kunstlehrerin an der Schule.

....

Bei Nominalphrasen mit „als" und „wie" auf den richtigen Kasus achten

INFO

Bei Nominalphrasen mit „als" und „wie" muss man auf den richtigen Kasus achten, da hier leicht Fehler unterlaufen. Im Regelfall richtet sich der Kasus der Nominalphrase nach dem des Bezugsworts.

Wie jeder begeisterte Musiker genoss er das Konzert in Gänze. (Nominativ)
Ihr als Verantwortlicher war das gleich aufgefallen. (Dativ)
Sie feierten ihn als Helden des Spiels. (Akkusativ)

1. Ergänze die Sätze jeweils mit der in Klammern stehenden Wortgruppe im richtigen Kasus.

a) Sie wählten ihn als .... (neuer Klassensprecher).

b) Wie .... (jede erfahrene Lehrkraft) kam ihr das Verhalten der Klasse seltsam vor.

c) Leon begrüßte Patrick wie .... (ein alter Freund).

d) Sie wird als .... (begabte Komponistin) geschätzt.

e) Als .... (guter Beobachter) bemerkte er dies sofort.

f) Die Organisatoren haben ihn als .... (erster Redner) vorgesehen.

2. Verbessere die Grammatikfehler in den folgenden Sätzen, indem du die falsche grammatische Form durchstreichst und die korrekte Form darüber notierst.

a) Sie beschäftigen ihn als unbezahlter Praktikant.

b) Wie jede besorgte Mutter machte sie sich sofort auf die Suche nach ihrer Tochter.

c) Als mittelmäßige Schülerin fiel ihr die Klassenarbeit schwer.

d) Ihm ist es als erster Wissenschaftler gelungen, die Zusammensetzung

des Gesteins zu ergründen.

e) Wie jede erfahrene Hundehalterin fiel ihr sofort auf, dass mit dem Hund

etwas nicht stimmte.

f) Als ehemalige Mitschülerin freute es sie besonders, dass sie sie zur Klassenfete

eingeladen hatten.

Arbeitsblatt

Verkürzte Formen zusammengesetzter Adverbien vermeiden (1/2)

INFO

In der schriftlichen Standardsprache gelten nur die vollständigen Formen der mit den Vorsilben „her-" und „hin-" zusammengesetzten Adverbien (z. B. *herunter, heraus, hinauf*) als korrekt. Daher dürfen verkürzte umgangssprachliche Formen dieser Adverbien (z. B. *runter, rein*) in der schriftlichen Standardsprache nicht verwendet werden.

1. Ergänze die Sätze mit den inhaltlich passenden Adverbien aus dem Kasten.

hinauf – hinab – herum – herein – hinüber – heraus

a) Annabell bat ihren Besuch ....

b) Er schlich um die Ecke ....

c) Jannis kam aus dem Haus ....

d) Sie fuhren mit der Fähre zum anderen Ufer ....

e) Maik kletterte die Leiter ....

f) Die Lawine stürzte ins Tal ....

2. Schreibe die Sätze verbessert auf.

a) Sie winkte freundlich zu mir rüber.

....

b) Felix ließ seinen Kater rein.

....

c) Kilian lehnte sich aus dem Fenster raus.

....

d) Sophie kam die Treppe runter.

....

e) Max radelte gemächlich um die Kurve rum.

....

Verkürzte Formen zusammengesetzter Adverbien vermeiden (2/2)

3. Schreibe diejenigen der folgenden Sätze, die in der schriftlichen Standardsprache nicht korrekt sind, verbessert auf.

a) Der Zug fährt aus dem Bahnhof raus.

....

....

b) Sie bittet ihn zu sich ins Haus herein.

....

....

c) Er kommt von der anderen Straßenseite rüber.

....

....

d) Moritz schob sein Fahrrad den Berg zu uns herauf.

....

....

e) Marlene fand raus, dass der Zug auf Gleis 8 abfuhr.

....

....

f) Die Mutter bat Jan, sofort zu ihr raufzukommen.

....

....

g) Die beiden Männer schlichen um das Haus rum.

....

....

Schwache Nomen richtig deklinieren

INFO

Bei einigen wenigen schwach deklinierten maskulinen Nomen gilt es inzwischen auch in der Standardsprache grammatisch als korrekt, diese Nomen stark zu deklinieren und beim Dativ und Akkusativ Singular die Endung „-en“ wegzulassen sowie zum Teil beim Genitiv die Endung „-en“ durch die Endung „-s“ zu ersetzen. Da sich diese Regelung jedoch nur auf einige wenige und eben nicht die überwiegende Mehrheit der schwach deklinierten maskulinen Nomen bezieht und als sprachlich weniger elegant gilt, sollte man maskuline Nomen zur Bezeichnung männlicher Lebewesen mit den Endungen „-e“, „-ant“, „-ent“, „-at“, „-ist“ und „-oge“ im Genitiv, Dativ und Akkusativ immer mit der Endung „-en“ deklinieren. Dasselbe gilt für die maskulinen Nomen dieser Gruppe, die die Endung „-e“ im Nominativ verloren haben, wie zum Beispiel „Bär“, „Prinz“ oder „Mensch“. So lassen sich Grammatikfehler vermeiden, da das unerlaubte Weglassen der Kasusendung „-en“ im Genitiv, Dativ und Akkusativ bei der Mehrzahl der schwach deklinierten maskulinen Nomen in der Standardsprache als Grammatikfehler gilt.

Fall im Singular	„Affe“	„Bär“	„Prinz“	„Pädagoge“
Nominativ	der Affe	der Bär	der Prinz	der Pädagoge
Genitiv	des Affen	des Bären	des Prinzen	des Pädagogen
Dativ	dem Affen	dem Bären	dem Prinzen	dem Pädagogen
Akkusativ	den Affen	den Bären	den Prinzen	den Pädagogen

1. Ergänze die Sätze jeweils mit dem in Klammern stehenden Nomen in der richtigen grammatischen Form.

a) Der Tierpfleger warf dem .... (Löwe) Futter ins Gehege.

b) Der Diener konnte den .... (Graf) nirgends finden.

c) Die Geduld des .... (Polizist) war aufgebraucht.

d) Sie beauftragte einen .... (Jurist) mit der Verteidigung.

e) Sie streichelte den .... (Hase).

f) Die Frau erklärte dem .... (Student) den Weg zum Schwimmbad.

2. Finde die Sätze mit Grammatikfehlern und schreibe diese Sätze verbessert in dein Heft.

a) Sie erblickte den Prinz im Schlossgarten.
b) Er hörte das Trompeten der Elefanten schon aus der Ferne.
c) Die Mutter gab dem Junge Geld.
d) Er gratulierte dem Präsident zur Wiederwahl.
e) Sie fotografierte den Affen.

© Verlag an der Ruhr | Autorin: Birgit Lascho | ISBN 978-3-8346-2758-2 | www.verlagruhr.de

Besonderheiten der Adjektivdeklination beachten

INFO

Steht vor einem Adjektiv im Dativ Singular maskulinum oder neutrum bereits ein Begleiter, der den Kasus (Fall) des Nomens anzeigt, wie die flektierte Form eines Artikels (*dem, einem*) oder wie die flektierte Form eines Pronomens (*diesem, jenem, welchem, jedem, demselben, solchem, manchem, keinem, meinem, deinem, seinem, ihrem, unserem, eurem*), so wird das Adjektiv schwach mit der Endung „-en" dekliniert. Eine zweite Kasusmarkierung durch die Adjektivendung „-em" gilt hier als grammatisch falsch.

Er gab es dem kleinen Jungen von nebenan.
Sie schenkte es ihrem älteren Bruder.
Mit diesem alten Auto kommen wir nicht weit.

1. Kreuze an, welcher der beiden Sätze jeweils grammatisch korrekt ist.

a) ☐ Manchem starkem Jungen macht das nichts aus.
☐ Manchem starken Jungen macht das nichts aus.

b) ☐ Diesem lauten Gebrüll hatte niemand etwas entgegenzusetzen.
☐ Diesem lautem Gebrüll hatte niemand etwas entgegenzusetzen.

2. Ergänze die Sätze jeweils mit dem in Klammern stehenden Adjektiv in der grammatisch richtigen Form.

a) Bei diesem .... (schlecht) Wetter geht niemand freiwillig vor die Tür.

b) Im Wald begegneten sie einem .... (riesig) Mann.

c) Sie gab dem .... (hungrig) Kater Futter.

d) Das kannst du deinem .... (jünger) Bruder geben.

e) Vergiss nicht, dem .... (nett) Nachbarn Bescheid zu sagen.

f) Er griff nach seinem .... (gefüllt) Portmonee.

g) Nach jenem .... (hübsch) Mädchen drehten sich alle um.

h) Manchem .... (eitel) Schauspieler fehlt das Rampenlicht.

i) Er riet ihr zu einem .... (ruhig) Lebensstil.

j) In unserem .... (ehemalig) Haus wohnt wieder eine Familie mit Kindern.

Mehrteilige aneinanderreihende Konjunktionen richtig verwenden

INFO

Bei der Verwendung von mehrteiligen aneinanderreihenden Konjunktionen muss erstens darauf geachtet werden, dass nach dem Gebrauch des ersten Teils der mehrteiligen Konjunktion auch der zweite Teil der betreffenden Konjunktion verwendet wird, und zweitens, dass der zweite Teil der mehrteiligen Konjunktion zum ersten Teil der verwendeten mehrteiligen Konjunktion passt. Auf ein „einerseits" muss z. B. immer ein „andererseits" folgen; die Verwendung einer anderen gleichbedeutenden Wendung, wie zum Beispiel „im anderen Fall" gilt dagegen als falsch. Denn bei mehrteiligen aneinanderreihenden Konjunktionen handelt es sich um feststehende Wendungen.

1. Kreuze diejenigen Sätze an, in denen eine mehrteilige aneinanderreihende Konjunktion fehlerhaft gebraucht wird, weil der zweite Teil der Konjunktion fehlt.

a) ☐ Einerseits hatte er keine Lust, aus dem Haus zu gehen, andererseits war er in Partystimmung.

b) ☐ Einesteils packte er elegante Kleidung ein, er legte jedoch auch sportliche Kleidung in den Koffer.

c) ☐ Darin waren einesteils gebrauchte Sachen, anderenteils neue Sachen.

d) ☐ Er freute sich einerseits darauf, zu seiner Oma zu fahren, aber er hätte die Ferien auch gerne zu Hause mit seinen Freunden verbracht.

2. Markiere die Sätze, in denen eine mehrteilige aneinanderreihende Konjunktion fehlerhaft gebraucht wird, weil der zweite Teil der Konjunktion nicht dem ersten Teil der Konjunktion entspricht.

a) ☐ Sowohl seine Mutter als auch sein Vater waren auf der Arbeit.

b) ☐ Einesteils fiel es ihm leicht, andererseits musste er sich doch anstrengen.

c) ☐ Es kam sowohl der Stadtrat sowie der Bürgermeister.

d) ☐ Einerseits konnte er es kaum erwarten, im anderen Fall war es ihm nicht geheuer.

e) ☐ Teils erschienen die Besucher in Faschingskostümen, teils in normaler Kleidung.

f) ☐ Im einen Fall gewann der Kläger, beim anderen Mal erhielt der Beklagte Recht.

g) ☐ Teils klatschten die Leute, andere verließen das Theater ohne Applaus.

h) ☐ Im einen Fall hatte sie Erfolg, im anderen Fall konnte sie leider niemanden erreichen.

3. Schreibe die fehlerhaften Sätze aus Aufgabe 1 und 2 verbessert in dein Heft, indem du die fehlenden zweiten Teile der mehrteiligen aneinanderreihenden Konjunktionen ergänzt oder die fehlerhaft gebrauchten zweiten Teile der mehrteiligen aneinanderreihenden Konjunktionen durch die passenden Wörter ersetzt.

Häufung von Konjunktionen vermeiden

INFO

Wenn in Satzgefügen ein Zwischensatz in einen Nebensatz eingeschoben wird, sollte man zwei direkt aufeinander folgende Konjunktionen vermeiden, da eine solche Satzkonstruktion schwer verständlich ist und als stilistisch unschön gilt. Stattdessen sollte der Zwischensatz nicht unmittelbar nach der Konjunktion des Nebensatzes eingeschoben werden, sondern nach dem Satzglied, das der Konjunktion des Nebensatzes folgt. Daneben ist es auch möglich, den Zwischensatz hinter dem Nebensatz zu platzieren oder je nach Satzkonstruktion vor den Hauptsatz zu setzen oder in den Hauptsatz einzuschieben.

Unschön: *Es ist zu befürchten, dass, wenn das große Kaufhaus schließt, die Umsätze der benachbarten Einzelhändler einbrechen werden.*
Besser: *Es ist zu befürchten, dass die Umsätze der benachbarten Einzelhändler, wenn das große Kaufhaus schließt, einbrechen werden.*
Es ist zu befürchten, dass die Umsätze der benachbarten Einzelhändler einbrechen werden, wenn das große Kaufhaus schließt.
Wenn das große Kaufhaus schließt, ist es zu befürchten, dass die Umsätze der benachbarten Einzelhändler einbrechen werden.

1. Kreuze diejenigen Sätze an, die zwei aufeinander folgende Konjunktionen aufweisen und deshalb verbessert werden sollten.

a) ☐ Sie glaubt, dass, wenn es kälter wird, die Rohre einfrieren.

b) ☐ Er ärgerte sich, obwohl er den Schaden, nachdem er ihn der Versicherung gemeldet hatte, ersetzt bekommen hatte.

c) ☐ Paul hat Angst, weil, wenn er in der Klassenarbeit eine schlechtere Note als eine Vier schreibt, er das Schuljahr wiederholen muss.

d) ☐ Dana meint, dass, da die Geburtstagsfeier vorbei ist, die Möbel wieder ins Wohnzimmer getragen werden können.

e) ☐ Lisa freut sich, weil sie, wenn es klappt, in den Ferien zu ihrer Oma fahren kann.

f) ☐ Ben war skeptisch, obwohl, nachdem Justus und Serkan nacheinander ein Tor geschossen hatten, seiner Mannschaft der Sieg sicher zu sein schien.

2. Schreibe die angekreuzten Sätze aus Aufgabe 1 verbessert in dein Heft, indem du den Zwischensatz nach dem Satzglied platzierst, das der Konjunktion des Nebensatzes folgt.

3. Finde jeweils eine weitere Möglichkeit, die angekreuzten Sätze aus Aufgabe 1 zu verbessern, und schreibe die Sätze entsprechend in dein Heft.

Überdehnte Verbklammern vermeiden

INFO

Das Prädikat eines Satzes kann aus zwei Teilen bestehen, wenn es sich um ein trennbares Verb, um eine Vergangenheitsform eines Verbs oder um eine Negation handelt.
Er fuhr das Stoppschild um.
Sie hat lange geschlafen.
Beim Formulieren von Sätzen mit zweiteiligen Prädikaten sollte man darauf achten, dass die beiden Prädikatsteile nicht zu weit voneinander entfernt stehen. Denn dies erschwert das Verständnis des Satzes und kann zu Missverständnissen führen. Man vermeidet überdehnte Verbklammern, indem man durch eine Satzumstellung den zweiten Prädikatsteil weiter nach vorn rückt oder das Satzgefüge gegebenenfalls anderweitig umformt.

Ungünstig: *Gestern hat ein 14-jähriger Schüler einen Großeinsatz, bei dem Polizei und Feuerwehr sechs Stunden die Umgebung abgesucht haben, ausgelöst.*
Besser: *Gestern hat ein 14-jähriger Schüler einen Großeinsatz ausgelöst, bei dem Polizei und Feuerwehr sechs Stunden die Umgebung abgesucht haben.*
Ungünstig: *Herr Becker leugnet die Verantwortung für den Produktionsausfall, den es am letzten Freitag in der Fabrik gab, nicht.*
Besser: *Herr Becker leugnet die Verantwortung für den Produktionsausfall nicht, den es am letzten Freitag in der Fabrik gab.*

1. Forme die folgenden Sätze in besser verständliche Sätze um, indem du jeweils den zweiten Teil des Prädikats im Satz weiter nach vorn rückst. Schreibe die umgeformten Sätze in dein Heft.

a) Sie reisten sofort, weil der Hund krank war, ab.

b) Der Bankräuber hatte die Waffe, nachdem er gemerkt hatte, dass die Polizei ihm auf den Fersen war, weggeworfen.

c) Der Festgenommene gab die Tat, nachdem ihn die Polizei mehrfach befragt hatte, zu.

d) Der Direktor befürwortete den Vorschlag der Schülervertretung, den Unterricht am letzten Tag vor den Weihnachtsferien ausfallen zu lassen, keineswegs.

e) Die Schule war gerade, bevor sie letzte Woche bis auf die Grundmauern niedergebrannt war, saniert worden.

f) Die Bundesregierung schloss weitere Verträge mit einzelnen Bundesländern in diesem Bereich, weil sie Geld sparen musste, aus.

g) Schon nach kurzer Zeit baute er den Flohmarktstand, weil keine Leute kamen, ab.

h) Er bestritt, dass er daran beteiligt war, nicht.

© Verlag an der Ruhr | Autorin: Birgit Lascho | ISBN 978-3-8346-2758-2 | www.verlagruhr.de

Die Stammformen von „winken", „niesen", „schwören" und „heißen" richtig bilden (1/2)

INFO

Die Stammformen der Verben „winken", „niesen", „schwören" und „heißen" werden oft falsch gebildet. Um Fehler zu vermeiden, sollte man sich daher die folgenden Stammformen gut einprägen:
winken: er winkt – er winkte – er hat gewinkt
niesen: er niest – er nieste – er hat geniest
heißen: er heißt – er hieß – er hat geheißen
schwören: er schwört – er schwor – er hat geschworen

Anders gebildete Formen, wie „gewunken", „schwörte" oder „gehießen", sind grammatisch nicht korrekt.

1. Ergänze in den folgenden Sätzen jeweils das Verb in Klammern in der angegebenen Zeitform grammatisch richtig.

a) Ben .... (Präteritum von „schwören"), dass er sich mehr anstrengen würde.

b) Mutter .... mir aus dem Fenster .... (Perfekt von „winken").

c) Es kitzelte ihn in der Nase und er .... (Präteritum von „niesen").

d) Der Polizist .... (Präsens von „winken") den Autofahrer auf den Parkplatz.

e) Sie .... vor ihrer Hochzeit Becker .... (Perfekt von „heißen").

f) Er .... (Präsens von „schwören"), dass er nur sie liebt.

g) Maik .... gerade .... (Perfekt von „niesen").

h) Stella .... (Präteritum von „winken") vom Balkon herab.

i) Der Angeklagte .... (Perfekt von „schwören"), dass er zum Zeitpunkt der Tat zu Hause war.

j) Der Junge, der gestern hier war, ... (Präteritum von „heißen") Niclas.

Die Stammformen von „winken“, „niesen“, „schwören“ und „heißen“ richtig bilden (2/2)

2. Markiere die Fehler und schreibe die Sätze, die Fehler enthalten, anschließend verbessert auf.

a) Sie schwörte, dass sie das nicht getan habe.

....

....

b) Er wäscht sich die Hände, denn er hat gerade genossen.

....

....

c) Das Schiff ist gesunken.

....

....

d) Er hat ihr vom Balkon gewunken.

....

....

e) Sie hat früher Bayer mit Nachnamen gehießen.

....

....

f) Er hat seinen Urlaub genossen.

....

....

Arbeitsblatt

Die Formen der Verben „hängen“ und „erschrecken“ richtig gebrauchen (1/2)

INFO

Die Verben „hängen“ und „erschrecken“ können transitiv und intransitiv gebraucht werden. Ein transitiv gebrauchtes Verb erkennt man daran, dass es ein Akkusativobjekt verlangt, während intransitive Verben ohne Akkusativobjekt stehen. Je nach Gebrauch werden die Formen dieser Verben unterschiedlich gebildet. Man sollte sich daher sowohl die regelmäßigen transitiven als auch die unregelmäßigen intransitiven Stammformen gut einprägen.

hängen: er hängt – er hängte – er hat gehängt → transitiv

hängen: er hängt – er hing – er hat gehangen → intransitiv

erschrecken: er erschreckt – er erschreckte – er hat erschreckt → transitiv

erschrecken: er erschrickt – er erschrak – er ist erschrocken → intransitiv

Er hängte die Wäsche an die Leine. (transitiv)
Die Wäsche hing an der Leine. (intransitiv)
Er hat die Wäsche an die Leine gehängt. (transitiv)
Die Wäsche hat an der Leine gehangen. (intransitiv)
Der Junge erschreckte den alten Mann. (transitiv)
Der alte Mann erschrak. (intransitiv)
Der Junge hat den alten Mann erschreckt. (transitiv)
Der alte Mann war erschrocken. (intransitiv)

1. Ergänze die Sätze jeweils mit der richtigen Form der Verben „hängen“ und „erschrecken“.

a) Die Jacke .... an der Flurgarderobe. (hängte/hing)

Sie .... die Jacke an die Flurgarderobe. (hängte/hing)

b) Er .... zutiefst ...., als es knallte.

(hat ... erschreckt/war ... erschrocken)

Mit der Geister-Maske .... er seine kleine Schwester ....

(hat ... erschreckt/war ... erschrocken)

c) Sie .... die Weihnachtskugeln an den Baum ....

(haben ... gehängt/haben ... gehangen)

Die beiden Schilder .... letzte Woche schon an der Ladentür ....

(haben ... gehängt/haben ... gehangen)

d) Als es klingelte, ... er heftig. (erschreckte/erschrak)

Paul .... Lisa, indem er sie plötzlich von hinten an die Schultern fasste.

(erschreckte/erschrak)

Die Formen der Verben „hängen" und „erschrecken" richtig gebrauchen (2/2)

2. Ergänze die Sätze jeweils mit der gesuchten Verbform, die in der Klammer angegeben ist.

a) Opa .... (Präteritum von „hängen") die Uhr an die Wand.

b) Tom .... (Präsens von „erschrecken") heftig, als er das Gespenst sieht.

c) Der Kalender .... (Präsens von „hängen") an der Wand.

d) Sie .... Tina mächtig .... (Perfekt von „erschrecken").

e) Das Gemälde .... hier .... (Perfekt von „hängen").

f) Sein Turnbeutel .... (Präteritum von „hängen") am Gartentor.

g) Ich .... sehr .... (Perfekt von „erschrecken"), als es geknallt hat.

h) Sie .... (Präsens von „hängen") das Mobile auf.

i) Der Hund .... (Präteritum von „erschrecken") die Vögel am Baum.

j) Er .... das Vogelhäuschen .... (Perfekt von „aufhängen").

k) Der Junge .... (Präsens von „erschrecken") die Gänse.

l) Lena .... (Präteritum von „erschrecken") heftig, als es donnerte.

3. In welchen der folgenden Sätze sind die Formen der Verben „hängen" und „erschrecken" falsch gebraucht? Kreuze diese Sätze an und schreibe sie anschließend verbessert in dein Heft.

a) ☐ Sie hat die Anziehsachen auf die Wäscheleine gehangen.

b) ☐ Diese Lampe hing früher in der Küche.

c) ☐ Sie war sehr erschrocken, als das Fahrrad plötzlich umfiel.

d) ☐ Mit seiner Spielzeugkanone erschrak Max die Katze, die getroffen von der Kanonenkugel mit einem Satz aus ihrem Körbchen sprang.

e) ☐ Sie hing das Gemälde an die Wand.

f) ☐ Er erschreckte zutiefst, als das Sofa plötzlich zusammenkrachte.

Zugehörigkeitsverhältnisse eindeutig ausdrücken

INFO

Um Zugehörigkeiten und Besitzverhältnisse auszudrücken, verwendet man im Normalfall Possessivpronomen.
Er holte sein Fahrrad.
Sie plant ihren Urlaub.
Bei der Verwendung von Possessivpronomen zur Beschreibung von Zugehörigkeiten bei Personen kann es aber in bestimmten Fällen zu Missverständnissen kommen:
Dort stehen Thomas, Gordon und seine Schwester. (Es ist unklar, ob es sich um Thomas' oder um Gordons Schwester handelt.)

Um einen eindeutigen Bezug zu der letztgenannten Person auszudrücken, verwendet man daher in solchen Fällen die Genitivformen des Demonstrativpronomens „der", also „dessen" und „deren".
Dort stehen Thomas, Gordon und dessen Schwester. (Gordons Schwester)
Um die Zugehörigkeit zu einer anderen als der letztgenannten Person eindeutig auszudrücken, ist es in solchen Fällen sinnvoll, die gemeinte Person zu wiederholen.
Dort stehen Thomas, Gordon und Thomas' Schwester.

1. Drücke entsprechend den Angaben in Klammern das Zugehörigkeitsverhältnis jeweils eindeutig aus.

a) Jan, Tim sowie .... Freund kommen heute. (Jans Freund)

Jan, Tim sowie .... Freund kommen heute. (Tims Freund)

b) Mia, Lena und .... Freundin warten dort. (Mias Freundin)

Mia, Lena und .... Freundin warten dort. (Lenas Freundin)

c) Wir freuen uns auf Anna, ihre Schwester und .... Kinder. (Annas Kinder)

Wir freuen uns auf Anna, ihre Schwester und .... Kinder. (die Kinder der Schwester)

2. Ergänze die Sätze so, dass die jeweils in Klammern angegebene Zugehörigkeit eindeutig ausgedrückt wird.

a) Im Kino treffen sie Lara, ihre Mutter und .... Schwester. (Laras Schwester)

b) Es kommen Jonas, Niklas und .... Eltern zu Besuch. (Niklas' Eltern).

c) Vielleicht können dir Daniel, sein Freund und .... Bruder beim Umzug helfen?

(der Bruder von Daniels Freund)

d) Ich erkannte schon von Weitem Rebekka, Lena und .... Cousinen.

(Rebekkas Cousinen)

 | ISBN 978-3-8346-2758-2 | www.verlagruhr.de

Pleonasmen vermeiden (1/2)

INFO

Man spricht von einem Pleonasmus (griechisch „Überfluss“), wenn in Wörtern oder Wendungen ein Bedeutungsmerkmal doppelt genannt wird, das bereits in einem Teil des Wortes oder der Wendung enthalten ist.
alter Greis (ein Greis ist immer alt)
zusammenaddieren („addieren“ bedeutet bereits „zusammenzählen“)

Pleonasmen verlängern Texte unnötig und gelten als Stilfehler. Sie sollten deshalb in der Standardsprache vermieden werden.

1. Kreuze die Ausdrücke an, die überflüssige Doppelungen enthalten.

- ☐ grüne Seife
- ☐ wanderndes Nomadenvolk
- ☐ altes Haus
- ☐ zwei Zwillinge
- ☐ weiße Farbe
- ☐ hübsche Frau
- ☐ Glasvitrine
- ☐ Fußpedal
- ☐ rote Rose
- ☐ kleines Kind
- ☐ verheiratetes Ehepaar
- ☐ feuchter Tau
- ☐ leckeres Gericht
- ☐ Zukunftsprognose
- ☐ lautes Geschrei
- ☐ weibliche Stute
- ☐ schwarzer Rappe
- ☐ eiserne Tür
- ☐ preiswertes Schnäppchen
- ☐ dicker Stoff
- ☐ vitale Lebendigkeit
- ☐ sparsamer Geizhals
- ☐ Salzsaline
- ☐ vier Jungen
- ☐ unwahre Lüge
- ☐ sonniger Tag
- ☐ junger Mann
- ☐ tote Leiche
- ☐ Einzelindividuum
- ☐ traumhaftes Wetter
- ☐ kriminelles Verbrechen
- ☐ betagter Greis
- ☐ feuchter Niederschlag
- ☐ schnelles Auto
- ☐ jüngere Schwester
- ☐ Vogelvoliere
- ☐ großer Bruder
- ☐ alter Herr
- ☐ nasses Tuch
- ☐ weibliches Mädchen
- ☐ wertvolle Kette
- ☐ witzige Figur
- ☐ neu renoviert
- ☐ runder Tisch
- ☐ starke Schmerzen
- ☐ Rückantwort
- ☐ langes Kleid
- ☐ hoher Baum

Pleonasmen vermeiden (2/2)

2. In einigen der folgenden Sätze finden sich Pleonasmen, d.h. doppelt genannte Bedeutungsmerkmale. Streiche die überflüssigen Wörter oder Wortteile durch.

a) Er las einen spannenden Roman.

b) Das Haus ist neu renoviert.

c) Anna hat ein preiswertes Schnäppchen gemacht.

d) Aus seinem Zimmer drang laute Musik.

e) Sie schickte ihm eine Rückantwort.

f) Lena stellte ihr Geschirr in die Glasvitrine.

g) Er hatte einen guten Einfall.

h) Dort standen zwei Zwillinge.

i) Vor dem Kino traf sie zwei Freundinnen.

j) Er trat heftig auf das Fußpedal.

k) Die Zukunftsprognose für die Einkommensentwicklung ist nicht rosig.

l) Die Frau trug goldene Ohrringe.

m) Sie brachte ihren großen Bruder mit.

n) Auf der Party tanzte er mit einem weiblichen Mädchen.

o) Onkel Erik ist ein sparsamer Geizhals.

p) Auf dem Dachboden lag eine tote Leiche.

q) Für Dienstag ist starker Regen vorhergesagt.

r) Jedes Einzelindividuum reagiert anders.

s) Über uns wohnt ein verheiratetes Ehepaar.

t) Er schenkte ihr rote Rosen.

u) Sie hatte lackierte Fingernägel.

v) Vor dem Bahnhof saß ein alter Greis.

w) Dort standen zwei Zwillingspaare.

x) Sie bürstete die weibliche Stute.

y) Er rannte gegen die Glastür.

Auf den Genitiv nach den Präpositionen „wegen“, „infolge“, „kraft“, „statt“ und „aufgrund“ achten

INFO

Die Präpositionen „wegen“, „infolge“, „kraft“, „statt“ und „aufgrund“ stehen immer mit dem Genitiv.
Wegen eines Unfalls ist die Autobahn zurzeit gesperrt.

Einige dieser Präpositionen werden überwiegend in der schriftlichen Standardsprache gebraucht.

1. Ergänze jeweils die in Klammern stehende Wortgruppe im richtigen Fall.

a) Kraft .... (das Gesetz) wurde er zu drei Jahren Haft verurteilt.

b) Die Bücherei öffnet wegen .... (eine Personalversammlung) erst später.

c) Infolge .... (die Bauarbeiten) kann es zu Verkehrsbehinderungen kommen.

d) Aufgrund .... (eine Signalstörung) kommt es zu Zugverspätungen.

e) Infolge .... (der Nebel) können Flüge ausfallen.

f) Statt .... (das Lateinbuch) packte er das Deutschbuch ein.

g) Wegen .... (die lang anhaltende Hitze) besteht die Gefahr von Waldbränden.

2. In welchen der folgenden Sätze steht die Präposition mit dem falschen Fall? Schreibe die betreffenden Sätze verbessert in dein Heft.

a) Aufgrund dem Weinfest ist die Innenstadt gesperrt.
b) Kraft meinem Amt muss ich diese Entscheidung treffen.
c) Wegen einem Oberleitungsschaden ist der Zugverkehr unterbrochen.
d) Statt unserem Lehrer kam die Sekretärin herein.
e) Der Wandertag wird aufgrund des schlechten Wetters verlegt.
f) Infolge dem heftigen Schneefall kam es zu kilometerlangen Staus.
g) Wegen des Ferienbeginns endet der Unterricht Freitag nach der dritten Stunde.
h) Aufgrund einem Unfall war er gelähmt.
i) Er wurde infolge dem starken Aufprall schwer verletzt.
j) Die Toiletten sind wegen einem Rohrbruch geschlossen.

Genitiv-Verben richtig ergänzen

INFO

Es gibt einige wenige Verben, die als Ergänzung ein Genitivobjekt verlangen. Dazu zählen unter anderem „sich bedienen", „bedürfen", „sich bemächtigen", „entbehren", „sich enthalten", „entheben", „sich entledigen", „sich erbarmen", „sich erwehren", „sich rühmen", „sich vergewissern", „sich versichern" und „gedenken". Diese Verben gehören zumeist dem gehobenen Stil an und werden überwiegend in der schriftlichen Standardsprache verwendet.
Er versicherte sich des Einverständnisses.
(Wessen versicherte er sich?)

1. Ergänze die Sätze jeweils mit der in Klammern stehenden Wortgruppe in der grammatisch richtigen Form.

a) Er bediente sich .... (sein Verstand).

b) Der Bankräuber entledigte sich .... (sein Tatwerkzeug).

c) Sie erwehrten sich .... (der feindliche Angriff).

d) Er erbarmte sich .... (das schreiende Kind).

e) Der Chef vergewisserte sich .... (das Bemühen) des Lehrlings.

f) Der Verbrecher rühmte sich öffentlich .... (seine Tat).

g) Ein solches Vorgehen bedarf .... (das Einverständnis) des Chefs.

h) Dieses Verhalten entbehrt .... (jeglicher Sinn).

i) Er bemächtigte sich .... (das Geld).

j) Sie enthielt sich .... (jeglicher Kommentar).

k) Er wurde .... (das Amt) enthoben.

l) Sie gedachten .... (der getötete Polizist).

2. Kreuze die Sätze an, die eine grammatisch falsche Ergänzung enthalten. Streiche die fehlerhafte Wortgruppe durch und notiere das Objekt in der richtigen Form rechts daneben.

a) ☐ Er bemächtigte sich dem ganzen Erbe.

b) ☐ Seine gezeigte Reaktion entbehrt jeglichem Anstand.

c) ☐ Sie erbarmte sich dem hungrigen Hund.

d) ☐ Sie entledigte sich zunächst ihres Gepäcks.

Bestimmte Präpositionen mit dem Dativ verwenden

INFO

Die Präpositionen „außer", „seit", „entgegen", „entsprechend", „gemäß", „samt", „zufolge", „unter", „von" und „vor" stehen immer mit dem Dativ.
Gemäß dem Beschluss wurde die Schulzeit verkürzt.

Es ist grammatisch falsch, diese Präpositionen mit dem Genitiv zu verbinden.

1. Ergänze jeweils die in Klammern stehende Wortgruppe im richtigen Fall.

a) Unter .... (dieser Vorwand) konnte sich der Betrüger leicht Zutritt zu der Wohnung verschaffen.

b) .... (Das Abkommen) zufolge sollen die Kriegshandlungen ab sofort eingestellt werden.

c) Sie kam samt .... (ihr Gepäck) herein.

d) Entsprechend .... (dieses Protokoll) war er bei der letzten Versammlung nicht anwesend.

e) Die Reparatur wurde gemäß .... (der Vertrag) vom 20. August 2012 ausgeführt.

f) Entgegen .... (mein Wunsch) wurde ein anderes Produkt geliefert.

g) Seit .... (der Unfall) ist er querschnittsgelähmt.

h) Das Auto steht vor .... (das Haus).

i) Außer .... (dieser Fall) sind alle Vorgänge bearbeitet.

j) Die Marmelade hatte sie von .... (der Mieter) nebenan.

2. Finde die fehlerhaften Sätze und schreibe sie verbessert in dein Heft.

a) Gemäß des Gesetzestextes ist dies nicht zulässig.

b) Entgegen meines Rates ging er zu spät ins Bett.

c) Ihrem Vorschlag zufolge nahmen alle ihre Sonnenhüte mit.

d) Seit dem Vorfall neulich war er verärgert.

e) Er ist seines Alters entsprechend entwickelt.

f) Sie kreuzte samt ihres Hundes auf.

© Verlag an der Ruhr | Autorin: Birgit Lascho | ISBN 978-3-8346-2758-2 | www.verlagruhr.de

Den Imperativ von Verben mit e/i-Wechsel richtig bilden

INFO

Bei einigen Verben mit „e" im Infinitiv muss man aufpassen, denn sie bilden im Singular unregelmäßige Imperativformen. Das „e" wird zu „i/ie" und es wird kein „-e" angehängt.

sehen → Sieh!
essen → Iss!

1. Schreibe die Imperativformen heraus, die sich in der Wörterschlange verbergen.

HILFAGASPRICHUHUNIMMOKONGUNTERBRICHALIESWALLASEIMONGOMISSPOLISS
ONOIUAVERSPRICHMILLISIEHUHUHEMPFIEHLMEINIVERGISSONGIBPAPIWIRFGALLI

....

....

2. Ergänze die Sätze mit dem Imperativ im Singular der Verben in Klammern.

a) .... (nehmen) einen Regenschirm mit!
b) .... (lesen) dir die Aufgabenstellung genau durch!
c) .... (sprechen) bitte lauter!
d) .... (sein) vorsichtig!
e) .... (vergessen) nicht, vorher Bescheid zu sagen!
f) .... (helfen) mir bitte beim Tragen!
g) .... (empfehlen) ihm dieses Buch!
h) .... (messen) genau nach!
i) .... (unterbrechen) ihn nicht ständig!
j) .... (sehen) im Lexikon nach!
k) .... (essen) nicht während des Unterrichts!
l) .... (versprechen) mir, dass du daran denkst!
m) .... (werfen) das bitte nicht weg!
n) .... (geben) acht, wenn du um die Kurve fährst!

Superlative nicht steigerbarer Adjektive vermeiden (1/2)

INFO

Manche Adjektive bezeichnen einen unveränderlichen Zustand (*rund, leblos*) oder einen höchsten oder geringsten Grad (*optimal, voll*). Verwendet man diese Adjektive in ihrer Grundbedeutung, ergibt es keinen Sinn, sie zu steigern, d.h. die Vergleichsformen Komparativ und Superlativ zu bilden.

Der Tisch ist rund. (Entweder der Tisch ist rund oder er ist es nicht.)
Nur wenn man diese Adjektive im übertragenen Sinn zur Kennzeichnung einer Eigenschaft in relativer Bedeutung verwendet, lassen sie sich sinnvoll steigern.
Sie wurde vom vielen Essen immer runder.

1. Kreise die Adjektive ein, die sich in ihrer Grundbedeutung nicht sinnvoll steigern lassen.

leblos – hübsch – dreieckig – neu – optimal – halb – laut – jung – schmal – böse – hässlich – minimal – schlau – einzig – ideal – trotzig – weich – winzig – absolut – kalt – heiß – ganz – nett – schön – kurz – hölzern – langsam – treu – fleißig – endgültig – mündlich – zweifach – schnell – groß – ehemalig – leise – golden – traurig – ledig – faul – zornig – kein – süß – stumm – lecker – tot – neidisch – verrückt – tief – einzigartig – extrem – geizig – klein – warm – viereckig – fröhlich – blind – niedlich – hoch – alt – klein – nackt – maximal – sauber – scheu – vollendet – witzig – gering – rund – total

2. Gesucht ist hier die höchste mögliche Steigerungsstufe: Entscheide bei den Adjektiven, ob eine Steigerung inhaltlich sinnvoll und möglich ist, und ergänze die richtige Endung.

a) Ihr Antlitz war von einzigartig .... Schönheit.

b) Dies ist der nackt .... Wahnsinn.

c) Alina fuhr mit maximal .... Geschwindigkeit.

d) Das trifft in kein .... Weise zu.

e) Bei uns gibt es eine riesige Auswahl golden .... Ringe.

f) Er unterhält sich mit seinem ehemalig .... Lehrer.

g) Sie schickte den Antrag in zweifach .... Ausführung weg.

h) Jana ist das einzig .... Mädchen in der Fußball-AG.

i) Das ist der ideal .... Plan.

j) Dies ist der endgültig .... Preis.

Superlative nicht steigerbarer Adjektive vermeiden (2/2)

3. Entscheide, ob sich die Adjektive in den Klammern sinnvoll steigern lassen. Ergänze die steigerbaren Adjektive in der Höchststufe (Superlativ) und die nicht steigerbaren Adjektive in der Grundstufe (Positiv).

a) Das ist der .... (einfach) Weg von allen.

b) Dies ist die .... (optimal) Lösung.

c) Er hatte die .... (witzig) Verkleidung von allen.

d) Das bedeutete den .... (absolut) Horror für sie.

e) Sie kaufte die .... (teuer) Stiefel.

f) Diese Reifen sind auch für .... (extrem) Geschwindigkeiten geeignet.

g) Lena war die .... (einzig) Praktikantin.

h) Er hatte das .... (lang) Gedicht verfasst.

i) Sie hat sich nicht in der .... (gering) Weise bemüht.

j) Das war sein .... (endgültig) Entschluss.

4. Streiche in den Sätzen die Adjektive durch, die falsch gesteigert sind, und notiere die richtige Form rechts daneben.

a) Dies ist das idealste Fahrrad für Jugendliche. ....

b) Das ist die spannendste Stelle in der Erzählung. ....

c) Unsere Betten versprechen höchsten Liegekomfort. ....

d) Das ist das totalste Schnäppchen des Monats. ....

e) Diese Hose ist von einzigartigster Qualität. ....

f) Darauf war er in keinster Weise vorbereitet. ....

g) Es war alles bis ins kleinste Detail geplant. ....

h) Für die Schule betrieb Melanie nur den minimalsten Aufwand. ....

i) Das ist die einzigste Möglichkeit. ....

j) Die Bonifatiuskirche ist die bedeutendste Kirche in der Stadt. ....

Zusammensetzungen mit Adjektiven richtig steigern

INFO

Bei Zusammensetzungen von Adjektiv + Adjektiv oder von Adjektiv + Partizip wird nur ein Teil der Zusammensetzung gesteigert, zum Beispiel:

mit größtmöglicher Vorsicht (Superlativ der Zusammensetzung aus groß + möglich)
Beide Teile zu steigern („mit größtmöglichster Vorsicht"), ist nicht möglich und gilt als falsch.

1. Ergänze die Sätze jeweils mit der richtigen der beiden Höchststufen in Klammern.

a) Das ist das .... (meistgekaufte/meistgekaufteste) Handy.

b) Es war die .... (bestmögliche/bestmöglichste) Lösung.

c) Dies ist die .... (höchstgestellte/höchstgestellteste) Person.

d) Sie hielten an der .... (nächstgelegenen/nächstgelegensten) Tankstelle an.

2. Bilde die zusammengesetzte höchste Steigerungsstufe aus den Wörtern in Klammern und trage sie in der grammatisch richtigen Form in den Sätzen ein.

a) Dieses ist das .... (best + bewährt) Haarshampoo.

b) Er kaufte im .... (nächst + liegend) Ort ein.

c) Sie bemühte sich um die .... (größt + möglich) Sorgfalt.

d) Es ist das .... (dichtest + bevölkert) Land.

e) Dort herrschte .... (weitest + gehend) Leere.

f) Er kam auf dem .... (schnellst + möglich) Weg.

g) Dort ist das .... (höchst + liegend) Dorf.

3. Finde heraus, welche Sätze Fehler enthalten, und schreibe die betreffenden Sätze verbessert in dein Heft.

a) Das war die nächstliegendste Idee.

b) Er leistete den größtmöglichsten Einsatz.

c) Sie genoss dort die weitgehende Ruhe.

d) Hierbei handelt es sich um das derzeit meistverkaufteste Buch.

Auf die richtige Satzstellung nach den Konjunktionen „weil“ und „denn“ achten (1/3)

INFO

Die Konjunktionen „weil" und „denn" leiten beide Sätze ein, die die Ursache des vorhergehenden Satzinhalts angeben. Dabei leitet „weil" einen untergeordneten Nebensatz ein, „denn" dagegen verbindet gleichrangige Hauptsätze. Deshalb ist bei der Verwendung der Konjunktionen auf die Satzstellung zu achten.
In mit „weil" eingeleiteten Nebensätzen steht das Prädikat an letzter Stelle:
Ich freue mich, weil wir zum Musikfestival fahren.
In mit „denn" eingeleiteten Hauptsätzen steht das Prädikat an zweiter Stelle:
Ich freue mich, denn wir fahren zum Musikfestival.
Ein Gebrauch von „weil" als nebenordnende Konjunktion gilt in der schriftlichen Standardsprache als nicht korrekt.

1. Schreibe die Satzreihen mit „denn" in Satzgefüge mit „weil" um. Achte bei den mit „weil" eingeleiteten Nebensätzen auf die richtige Satzstellung. Notiere die Sätze in dein Heft.

a) Charlotte holt sich eine Jacke, denn es wird kühl.

b) Frederik ist verärgert, denn er hat keine Kinokarten mehr bekommen.

c) Miriam zählt ihr Geld, denn sie will sich einen Armreif kaufen.

d) Lukas freut sich, denn er ist als Erster durch das Ziel gelaufen.

e) Annika packt ihr Brot aus, denn sie verspürt Hunger.

f) Johanna geht zum Kiosk, denn sie benötigt eine neue Busfahrkarte.

g) Marius beeilt sich, denn der Bus fährt in zehn Minuten.

h) Rebekka hält nach einer Bankfiliale Ausschau, denn Rebekka muss noch Geld abheben.

2. „Weil" oder „denn"? Füge jeweils die richtige Konjunktion ein.

a) Nora beeilt sich, ... ihr Freund auf sie wartet.

b) Er nimmt einen Schirm mit, ... der Himmel sieht bewölkt aus.

c) Caroline macht sich hübsch, ... sie will noch mit Freunden in die Stadt.

d) Er sucht eine Steckdose, ... sein Handyakku leer ist.

e) Alina geht zum Geldautomaten, ... sie nur noch fünf Euro hat.

f) Ben kommt zu spät, ... er hat den Bus verpasst.

Auf die richtige Satzstellung nach den Konjunktionen „weil" und „denn" achten (2/3)

3. Ergänze die Haupt- und Nebensätze mit den Wörtern in Klammern in der richtigen Satzstellung.

a) Ein Handyverbot in der Schule ist nötig, weil ....

....

(Unterricht – klingelnde – unterbrechen – den – Handys)

b) Klassenfahrten sind sinnvoll, weil ....

....

(Lernenden – das – fördern – Miteinander – sie – soziale – der)

c) Es sollte Wahlfreiheit zwischen G 8 und G 9 geben, denn ....

....

(anderen – jeder – einem – Tempo – in – lernt)

d) Eine Mensaaufsicht ist erforderlich, weil ....

....

(nicht – ihre – viele – wegräumen – Teller – Schüler – benutzten)

e) Streitschlichter-Programme sind hilfreich, denn ....

....

(Schüler – selbst – ihre – so – untereinander – lösen – Konflikte)

f) Man sollte die Pausenhalle neu gestalten, weil ....

....

(einladend – sie – wenig – wirkt – derzeit)

Auf die richtige Satzstellung nach den Konjunktionen „weil“ und „denn“ achten (3/3)

4. Stelle fest, welche Sätze fehlerhaft sind, und schreibe sie verbessert auf.

a) Er macht sich auf den Weg zur Bibliothek, weil er muss für die Schule ein Referat halten.

....

....

b) Sie freut sich, denn der Nachmittagsunterricht fällt aus.

....

....

c) Jan bittet seine Mutter um Geld, weil seine Turnschuhe sind kaputt.

....

....

d) Er ist nervös, weil er keine Internet-Verbindung hat.

....

....

e) Patrick lässt sich verschiedene Smartphones zeigen, weil er will sich ein neues Modell kaufen.

....

....

f) Yannik beeilt sich, weil um 17 Uhr beginnt das Basketball-Training.

....

....

Verbindungen von Personalpronomen und der Präposition „wegen“ richtig bilden

INFO

Tritt die Präposition „wegen“ zu einem Personalpronomen, so gebraucht man in der schriftlichen Standardsprache nur die folgenden Zusammensetzungen: „meinetwegen“, „deinetwegen“, „seinetwegen“, „ihretwegen“, „unseretwegen“, „euretwegen“.
Wir haben euretwegen lange gewartet.

Die in der Umgangssprache häufig verwendeten Fügungen „wegen mir“, „wegen dir“, „wegen ihm“, „wegen ihr“, „wegen uns“, „wegen euch“ und „wegen ihnen“ gelten in der schriftlichen Standardsprache als falsch.

1. **Ersetze die in Klammern stehenden umgangssprachlichen Verbindungen aus „wegen“ + Personalpronomen durch die in der schriftlichen Standardsprache verwendeten Zusammensetzungen und füge diese ein.**

   a) Wir sind .... (wegen ihr) zu spät gekommen.

   b) Ich habe .... (wegen dir) einen Kuchen gebacken.

   c) Sie mussten .... (wegen ihm) warten.

   d) Ihr braucht euch .... (wegen mir) keine Sorgen zu machen.

   e) Er ist .... (wegen ihnen) noch länger geblieben.

   f) Dieses Meerschweinchen ist niedlich, doch .... (wegen ihm) kann ich nicht spontan in den Urlaub fahren.

   g) Ihr sollt euch .... (wegen uns) keine unnötige Mühe machen.

   h) Paul hat .... (wegen euch) extra Tee gekocht.

2. **Kreuze die Sätze an, die Fehler enthalten, und schreibe sie anschließend verbessert in dein Heft.**

   a) Wir müssen uns wegen ihr keine Gedanken machen.

   b) Das geht unseretwegen nicht.

   c) Wegen mir brauchen wir dort nicht hinzufahren!

   d) Ich muss wegen ihnen zu Hause bleiben.

   e) Er hat euretwegen gerade diesen späten Termin ausgemacht.

   f) Sie kann wegen ihm leider nicht mitfahren.

Missverständnisse bei der Bildung zusammengesetzter Nomen vermeiden

INFO

Bei zusammengesetzten Nomen kann die inhaltliche Beziehung zwischen den Teilen der Zusammensetzung mitunter unklar sein, wie zum Beispiel bei den Wörtern „Kinderschnitzel", „Porzellankatzennapf" und „Großvaterschnaps". So ist mit „Kinderschnitzel" ein Schnitzel für Kinder und nicht, wie es der nach dem gleichen Prinzip aufgebaute Begriff „Putenschnitzel" nahelegt, ein Schnitzel aus Kinderfleisch gemeint. Das Bestimmungswort gibt hier den Zweck und nicht das Material des Grundwortes an. Um Missverständnisse zu vermeiden, sollte man in Fällen, die mehrere Bedeutungen zulassen, auf zusammengesetzte Nomen verzichten und eine sinnvolle Umschreibung wählen, zum Beispiel:

Porzellankatzennapf → *Katzennapf aus Porzellan*

Großvaterschnaps → *Schnaps nach Großvaters Art*

1. Überlege, welche beiden unterschiedlichen Bedeutungen das Wort „Kindergartenmöbel" zulässt. Notiere die Bedeutungen, indem du sie jeweils mit einer Wortgruppe umschreibst.

a) Kindergartenmöbel: ....

b) Kindergartenmöbel: ....

2. Finde für die folgenden missverständlichen Zusammensetzungen aus Nomen jeweils eine sinnvolle Umschreibung und notiere diese.

a) Holzhasenstall: ....

b) Kinderwurst: ....

c) Großmutterkuchen: ....

d) Seniorenlederschuhe: ....

3. Kreuze an, welche Sätze missverständliche zusammengesetzte Nomen enthalten, und schreibe diese Sätze verbessert in dein Heft.

a) ☐ Sie hat Hundefutter gekauft.

b) ☐ Für Minkas Körbchen müssen wir ein neues Stoffkatzenkissen kaufen.

c) ☐ Die Haustür ist verschlossen.

d) ☐ Du kannst das Hundefleisch schon in den Napf füllen, Bello und Pola warten schon.

Lösungen

Vergleiche mit „wie" und „als" bilden (S. 10)

Aufgabe 1

a) Er ist stärker als ein Bär.
Er ist so stark wie ein Bär.

b) Johanna lief so schnell wie Milena.
Johanna lief schneller als Milena.

c) Der Flug nach Mailand wird länger dauern als der Flug nach London.
Der Flug nach Mailand wird so lange dauern wie der Flug nach London.

Aufgabe 2

a) Hier ist es wärmer als an der Küste.
b) Er schleicht lautlos wie eine Katze.
c) Mit dem Fahrrad sind wir schneller als zu Fuß.
d) Mein Schulweg ist genauso lang wie deiner.

Aufgabe 3

a) Die schwarze Jeans ist billiger ~~wie~~ **als** die blaue Jeans.
c) Niklas hat längere Haare ~~wie~~ **als** Sina.
d) Charlotte hat mehr Punkte im Geschichtstest ~~wie~~ **als** Sophie.

Den Unterschied zwischen „anscheinend"und „scheinbar" erkennen und beachten (S. 11/12)

Aufgabe 1

a) Die Beleidigung machte ihm anscheinend nichts aus. Er war den ganzen Tag über gut gelaunt.
Die Beleidigung machte ihm scheinbar nichts aus. Später wirkte er geknickt.

b) Die neue Limo ist scheinbar ein großer Erfolg. Ich habe aber noch von niemandem gehört, dass sie gut schmeckt.
Die neue Limo ist anscheinend ein großer Erfolg. Die Firma hat schon riesige Mengen davon verkauft.

c) Anscheinend hat sie das Schulfest schon verlassen. Ich sehe sie nirgends.
Scheinbar hat sie das Schulfest schon verlassen. Eben habe ich ihre Jacke an der Garderobe gesehen.

d) Er interessiert sich anscheinend brennend für die Nachrichtensendung. Wir diskutieren sehr oft über Politik.
Er interessiert sich scheinbar brennend für die Nachrichtensendung. So muss er nicht beim Abwasch helfen.

Aufgabe 2

a) Das Auto ist anscheinend kaputt. Der Motor springt nicht an.

b) Die Spieler hatten sich anscheinend gut auf das Lokalderby vorbereitet. Sie gewannen 3:0.

c) Es ist scheinbar niemand im Raum. Hinter dem Sofa kichert jemand.

d) Lena hat anscheinend den Bus verpasst. Sie verlässt morgens oft nicht rechtzeitig das Haus.

e) Der Handy-Vertrag ist scheinbar günstig. Im Ausland fallen hohe Kosten an.

Aufgabe 3

a) Dana ist **anscheinend** kalt. Gerade hat sie sich einen dicken Pullover übergezogen.

b) Die Schulstunde dauerte **scheinbar** endlos. Irgendwann klingelte es endlich.

d) Lisa hat **anscheinend** nicht gewusst, dass ihr Freund für Samstagabend Konzertkarten gekauft hat. Sonst hätte sie sich für diesen Tag nicht mit Mara verabredet.

e) Es gibt **anscheinend** Regen. Dort hinten ziehen schwarze Wolken auf.

„Der gleiche" und „derselbe" richtig verwenden (S. 13)

Aufgabe 1

a) Meine Schwester besitzt die gleiche Tasche wie du.
b) In demselben Lokal waren wir vorgestern.
c) Die gleiche Creme gibt es im Supermarkt billiger als in der Drogerie.
d) Mira und Hannah gehen auf dieselbe Schule in Frankfurt.
e) Denselben Mann habe ich neulich schon einmal hier gesehen.
f) Das gleiche Computerspiel habe ich auch auf meinem Tablet.
g) Deine Sonnenbrille ist von derselben Designerin wie meine.
h) Rebekka wohnt in derselben Straße wie Alina, nur zwei Häuser weiter.
i) Lukas und Jan haben denselben Bus um 15.45 Uhr genommen.
j) Charlotte hat die gleiche Hose an wie Sophia.

Aufgabe 2

a) Melissa besitzt ~~denselben~~ **den gleichen** Füller wie Esther.
c) Tim trägt ~~dieselbe~~ **die gleiche** Brille wie Jonas.
d) Lea nimmt ~~dasselbe~~ **das gleiche** Gericht wie Lisa.

Lösungen

„Wo" als Nebensatzeinleitung korrekt gebrauchen (S. 14)

Aufgabe 1

Angekreuzt werden müssen die Sätze a), c), d) und f).

Aufgabe 2

a) An das Fußballspiel, **bei dem** sie verloren hatten, erinnerten sie sich nur ungern.
b) Die Konferenz, **auf/bei der** sich die Experten trafen, fand in München statt.
c) Der Anschlag, **bei dem** gestern fünf Menschen verletzt wurden, ereignete sich in Tel Aviv.
d) Der Unglücksflug, **bei dem** das Sportflugzeug abstürzte, fand bei schwerem Unwetter statt.
e) Der Streit, **bei dem** die Freunde aneinandergeraten waren, wurde inzwischen geschlichtet.
f) Das Konzert, **bei dem** er das Cello spielte, war gut besucht.

Aufgabe 3

a) Das Fach, in dem sie die schlechteste Note hatte, war Kunst.
c) Die Renterin, die unter mir wohnt, war auch da.
d) Man verständigte sich auf einen Kompromiss, mit dem beide Seiten zufrieden waren.
f) Der Fall, bei dem ein Junge ohne Führerschein fuhr, kommt heute vor Gericht.

74
Typische Stolperfallen der deutschen Grammatik umgehen
© Verlag an der Ruhr | Autorin: Birgit Lascho | ISBN 978-3-8346-2758-2 | www.verlagruhr.de

„Das“ und „was“ – das richtige Relativpronomen wählen (S. 15)

Aufgabe 1

a) Es war das Schönste, <u>was</u> er jemals besessen hatte.
b) Das Handy, <u>das</u> er dabei hatte, funktionierte nicht.
c) Das Thema, <u>das</u> er für den Vortrag gewählt hatte, war spannend.
d) Er erfuhr manches, <u>was</u> er lieber nicht gewusst hätte.
e) Sie nahm das Geld, <u>das</u> sie von ihrer Oma bekommen hatte.
f) Maik war in Berlin, <u>was</u> Selina nicht wusste.
g) Jana hatte den ganzen Tag im Garten gearbeitet, <u>was</u> sie müde machte.
h) Das Mädchen, <u>das</u> vor ihm saß, begann ihn zu interessieren.

Aufgabe 2

b) Das Konzert, **das** sie besuchen wollten, war ausverkauft.
c) Das Longboard, **das** er sich gekauft hatte, war sein ganzer Stolz.
f) Das Glas, **das** in der Spüle steht, ist schmutzig.

Verbindungen aus Präposition + „was“ durch Pronominaladverbien mit „wo-“ ersetzen (S. 16/17)

Aufgabe 1

a) vor was/<u>wovor</u>
b) zu was/<u>wozu</u>
c) nach was/<u>wonach</u>
d) bei was/<u>wobei</u>
e) gegen was/<u>wogegen</u>
f) hinter was/<u>wohinter</u>
g) mit was/<u>womit</u>
h) aus was/<u>woraus</u>
i) durch was/<u>wodurch</u>
j) an was/<u>woran</u>
k) in was/<u>worin</u>
l) unter was/<u>worunter</u>
m) für was/<u>wofür</u>
n) auf was/<u>worauf</u>
o) zwischen was/<u>wozwischen</u>

Aufgabe 2

a) Ich kann nicht verstehen, **wovor** er sich fürchtet.
b) Er weiß nicht, **wodurch** das Problem verursacht wird.
c) Sie hatte keine Idee, **womit** sie ihm eine Freude bereiten konnte.
d) „**Worin** besteht die Schwierigkeit?“, fragte Jan.
e) Julia überlegt, **wohinter** er sich wohl versteckt.
f) Er war noch unschlüssig, **wofür** er stimmen sollte.

Aufgabe 3

a) Sie sah am Etikett nach, **woraus** der Stoff bestand.
b) Melissa rätselt, **worunter** der Ring gekullert sein könnte.
d) Bitte sagt, **woran** es mangelt.
e) Er wusste nicht, **wonach** er fragen sollte.
g) Sophie erkundigt sich, **wobei** sich Charlotte am Finger verletzt hat.

Bei Homonymen den richtigen Artikel wählen (S. 18)

Aufgabe 1

a) Der Sauerstoffgehalt ...
Das Gehalt ...

b) Der See ...
Die See ...

Aufgabe 2

a) Lenkvorrichtung: das Steuer
Lohnabgabe: die Steuer

b) Nadelbaum: die Kiefer
Schädelknochen: der Kiefer

c) große Tür: das Tor
dummer, einfältiger Mensch: der Tor

d) Käufer: der Kunde
Nachricht: die Kunde

e) Pfahl: der Mast
Intensivfütterung bei Tieren: die Mast

f) Ungläubiger: der Heide
unbebautes, sandiges Land: die Heide

g) Hinweistafel: das Schild
Schutzwaffe: der Schild

h) Lohn: der Verdienst
persönliche Leistung: das Verdienst

i) Korridor im Haus: der Flur
nutzbare Ackerfläche: die Flur

j) Seil: das Tau
feuchter Niederschlag: der Tau

k) Lastkraftwagen: der Laster
schlechte Gewohnheit: das Laster

l) Steighilfe: die Leiter
Vorsteher: der Leiter

Lösungen

Den richtigen Artikel bei Fremdwörtern wählen (S. 19)

Aufgabe 1

DER PROVIANT – DAS KOMPOTT – DER PAVILLON – DAS PRESTIGE – DER PARCOURS – DAS FESTIVAL – DER APERITIF – DAS BUDGET – DER APOSTROPH – DAS GENUS – DER KASUS – DAS GENRE – DER NUMERUS – DAS PALAIS – DAS CHANSON – DAS BULLETIN – DAS BASSIN – DAS MOSAIK

Aufgabe 2

a) e u G s n: das Genus
b) a u s s K: der Kasus
c) a P l s i a: das Palais
d) e n G e r: das Genre
e) u N r e m s u: der Numerus
f) h n o s a n C: das Chanson
g) d u B t e g: das Budget
h) t o m p o t K: das Kompott
i) f i t e r i A p: der Aperitif
j) h p o r t s A p o: der Apostroph
k) i F a s t v e l: das Festival
l) o P r i v t n a: der Proviant
m) e g P e r s t i: das Prestige
n) l o n P i l a v: der Pavillon
o) r s c o u r a P: der Parcours
p) o M i k a s: das Mosaik
q) s i n s a B: das Bassin
r) e l B u l n i t: das Bulletin

76
Typische Stolperfallen der deutschen Grammatik umgehen
© Verlag an der Ruhr | Autorin: Birgit Lascho | ISBN 978-3-8346-2758-2 | www.verlagruhr.de

Den Plural bei Fremdwörtern richtig bilden (S. 20/21)

Aufgabe 1

PRAKTIKABADATENUNITEMPORAMIMECHANISMENILIVIRENBUMUSEENOLLIALBENP
EMINISTERIENJOLOZIRKUSSEDADASTIPENDIENUHUFIRMENNACELLIPOLORADIENG
UGIGYMNASIENOMOZYKLENALLOLOKONTENRHYTHMENTEGREMIENAMOZENTREN
PAPORGANISMENITAKAKTEENAURODRAMENIMIMATERIALIENKULIOPEINDIVIDUENO
HOMYTHENTIPOPRAXEN

Aufgabe 2

a) das Tempus – die Tempora
b) der Mythos – die Mythen
c) der Zirkus – die Zirkusse
d) der Kaktus – die Kakteen
e) das Zentrum – die Zentren
f) das Datum – die Daten
g) das Konto – die Konten
h) das Material – die Materialien
i) die Firma – die Firmen
j) das Ministerium – die Ministerien
k) der Radius – die Radien
l) der Mechanismus – die Mechanismen
m) das Stipendium – die Stipendien
n) der Organismus – die Organismen
o) das Cello – die Celli
p) der/das Virus – die Viren
q) das Praktikum – die Praktika
r) das Drama – die Dramen
s) das Album – die Alben
t) das Gymnasium – die Gymnasien
u) der Rhythmus – die Rhythmen
v) die Praxis – die Praxen
w) das Museum – die Museen
x) der Zyklus – die Zyklen
y) das Gremium – die Gremien
z) das Individuum – die Individuen

Aufgabe 3

a) das Visum – die Visa
die Visen
b) das Examen – die Examen
die Examina
c) die Pizza – die Pizzen
die Pizzas
d) der Ballon – die Ballone
die Ballons
e) der Globus – die Globusse
die Globen
f) das Risiko – die Risiken
die Risikos
g) das Pronomen – die Pronomen
die Pronomina
h) das Schema – die Schemen
die Schemata
i) das Lexikon – die Lexika
die Lexiken
j) der Balkon – die Balkone
die Balkons
k) der Atlas – die Atlanten
die Atlasse
l) der Magnet – die Magnete
die Magneten
m) das Thema – die Themen
die Themata
n) das Komma – die Kommas
die Kommata
o) der Monitor – die Monitoren
die Monitore
p) das Porto – die Portos
die Porti

Den Plural bei Fremdwörtern richtig bilden (S. 22)

Aufgabe 4

a) das Datum – die Daten
b) die Firma – die Firmen
c) das Individuum – die Individuen
d) das Konto – die Konten
e) das Album – die Alben
f) der Rhythmus – die Rhythmen
g) das Drama – die Dramen
h) das Praktikum – die Praktika

Aufgabe 5

a) ☐ die Museums
☒ die Museen
b) ☐ die Organismusse
☒ die Organismen
c) ☒ die Gremien
☐ die Gremia
d) ☐ die Zentri
☒ die Zentren

Aufgabe 6

a) ☒ die Kommas
☐ die Kommatas
☒ die Kommata
b) ☐ die Atlanta
☒ die Atlasse
☒ die Atlanten
c) ☒ die Globen
☒ die Globusse
☐ die Globi
d) ☐ die Lexikons
☒ die Lexika
☒ die Lexiken

Aufgabe 7

a) Er holte die Visa/Visen für seine Frau, seine beiden Kinder und sich ab.
c) Für den Versuch benötigt man zwei Magnete/Magneten.
d) Als Hausaufgabe sollen wir die Tempora lernen.
f) Es gibt viele antike Mythen.

„Gewohnt“ und „gewöhnt“ grammatisch korrekt einsetzen (S. 23)

Aufgabe 1

a) ☐ Sie hat sich an den Straßenlärm gewohnt.
b) ☒ Sie hat sich an den Straßenlärm gewöhnt.

Aufgabe 2

a) Sie haben sich inzwischen wieder daran gewöhnt, in die Schule zu gehen.
b) Er ist es gewohnt, einen schweren Ranzen zu tragen.
c) Sie ist viel Trubel gewohnt.
d) Die Klasse hat sich an ihre neue Klassenlehrerin gewöhnt.
e) Er muss viel lernen, woran er gewöhnt ist.
f) Die Schüler sind es längst gewohnt, Nachmittagsunterricht zu haben.
g) Die meisten sind bereits daran gewöhnt, auf dem Whiteboard zu schreiben.

Aufgabe 3

a) Er ist regelmäßiges Üben **gewohnt**.
b) Sie sind nicht daran **gewöhnt**, eigenständig zu arbeiten.
d) Die beiden sind es **gewohnt**, im Haushalt zu helfen.
f) Lara ist an frühes Aufstehen **gewöhnt**.

Lösungen

Die Partizipien „gesinnt“ und „gesonnen“ richtig verwenden (S. 24)

Aufgabe 1

a) Die beiden sind auf jeden Fall demokratisch gesinnt.
b) Er war ihm treu gesinnt.
c) Sie hatte das Gefühl, dass die Lehrerin ihr nicht wohlgesinnt war.
d) Ihre Eltern waren nicht gesonnen, ihr das Taschengeld zu erhöhen.
e) Sie trafen sich dort mit gleich gesinnten Leuten.
f) Ich bin nicht gesonnen, dein Verhalten weiter zu tolerieren.
g) Er bewegte sich in fortschrittlich gesinnten Kreisen.
h) Sie war ihm übel gesinnt.

Aufgabe 2

a) Er war nicht **gesonnen**, seine Hausaufgaben zu erledigen.
b) Die Prüferin war ihr **wohlgesinnt**.
d) Mit gleich **gesinnten** Leuten gründete er eine Interessenvereinigung.
f) Er ließ sie unmissverständlich wissen, dass er nicht **gesonnen** war, ständig für sie aufzuräumen.

79

© Verlag an der Ruhr | Autorin: Birgit Lascho | ISBN 978-3-8346-2758-2 | www.verlagruhr.de
Typische Stolperfallen der deutschen Grammatik umgehen

Gleich klingende Nomen in ihrer Bedeutung unterscheiden und richtig schreiben (S. 25/26)

Aufgabe 1

Mine
Stäbchen in einem Bleistift oder Kugelschreiber

Miene
Gesichtsausdruck

Stil
Künstlerische Darstellungsweise

Stiel
Stängel einer Pflanze/Haltegriff beim Besen

Lid
Augendeckel

Lied
Gesangsstück

Rat
Empfehlung, Hinweis

Rad
scheibenförmiges Teil zur Fortbewegung

Leib
Körper

Laib
rundes Stück Brot oder Käse

Urzeit
Zeitalter zu Beginn der Menschheitsgeschichte

Uhrzeit
Zeitbezeichnung innerhalb von 24 Stunden

Aufgabe 2

a) Herr Meyer kaufte einen Laib Brot.
b) In der Urzeit gab es Dinosaurier.
c) Pass auf, die Rose hat viele Dornen am Stiel.
d) Die Wimpern befinden sich am Augenlid.
e) Er fragte seinen Vater um Rat.
f) Die Kugelschreibermine ist leer.
g) Der Dichter hat einen tollen Schreibstil.
h) Sie erkundigte sich nach der Uhrzeit, da Lara den Zug bekommen wollte.
i) Anschließend singen wir ein selbst komponiertes Lied.
j) Er kaufte sich ein neues Fahrrad.
k) Sie wurde wütend und ihre Miene verfinsterte sich.
l) Er hatte Schmerzen am ganzen Leib.

Aufgabe 3

a) In der ~~Uhrzeit~~ **Urzeit** gab es noch keine moderne Technik.
b) Er zerbrach beim Kehren den ~~Besenstil~~ **Besenstiel**.
d) Die ~~Bleistiftmiene~~ **Bleistiftmine** bricht dauernd ab.
f) Seine ~~Augenlieder~~ **Augenlider** fielen zu und er schlief ein.

Ähnlich lautende Gegensatzwörter kennen und richtig verwenden (S. 27/28)

Aufgabe 1

a) s u b jektiv aus persönlicher Sicht betrachtet	⟷	o b jektiv aus neutraler Sicht betrachtet
b) b r u tto ohne Abzug von Steuern	⟷	n e tto nach Abzug von Steuern
c) e x plizit mit gemeint, nicht ausdrücklich	⟷	i m plizit ausdrücklich, direkt
d) h o m o gen gleichartig	⟷	h e t e r o gen verschiedenartig
e) e x trovertiert verschlossen, in sich gekehrt	⟷	i n trovertiert kontaktfreudig, seine Gefühle zeigend
f) i m portieren (ins Land) einführen	⟷	e x portieren (aus dem Land) ausführen

Aufgabe 2

a) Ein Richter muss stets objektiv urteilen, also aus neutraler Perspektive.
b) Lisa ist extrovertiert, sie ist sehr mitteilsam und zeigt ihre Gefühle deutlich.
c) Sie verdient 2758 Euro brutto, davon gehen jedoch noch die Steuern ab.
d) Das hat er explizit gesagt, also deutlich und direkt verlauten lassen.
e) Diese Autos sind aus Japan zu uns nach Deutschland eingeführt, also importiert worden.
f) Das Leistungsniveau dieser Lerngruppe ist heterogen, da die Lernenden unterschiedliche Vorkenntnisse besitzen.
g) Damit hat er implizit zugegeben, dass er daran beteiligt war, ohne es direkt zu sagen.
h) Boris war ein verschlossener Junge, er war sehr introvertiert.
i) Das kostet 182 Euro netto, das heißt, in diesem Betrag ist die Mehrwertsteuer noch nicht enthalten.
j) Die soziale Zusammensetzung dieser Gruppe ist homogen, da alle Mitglieder aus ähnlichen sozialen Verhältnissen kommen.
k) In seinem Tagebuch berichtet er über die Angelegenheit subjektiv, es ist aus persönlicher Sicht geschrieben.
l) Nächstes Jahr sollen wieder mehr Autos exportiert werden. Besonders die USA sollen dabei als Kunde gewonnen werden.

Ähnliche Adjektive in ihrer Bedeutung unterscheiden (S. 29/30)

Aufgabe 1

a)	geistig den Geist (Verstand) betreffend	≠	geistlich die Religion betreffend, kirchlich
b)	physisch körperlich	≠	psychisch seelisch
c)	antiquarisch gebraucht, alt	≠	antiquiert veraltet, überholt
d)	ethisch die Moral betreffend, sittlich	≠	ethnisch die Kultur und Herkunft einer Volksgruppe betreffend
e)	gütig freundlich, verständnisvoll, nachsichtig	≠	gütlich friedlich, ohne Streit vor Gericht
f)	unsozial nicht sozial, nicht auf das Allgemeinwohl der Gesellschaft ausgerichtet	≠	asozial unfähig zum Leben in der Gesellschaft, am Rande der Gesellschaft lebend
g)	hermetisch undurchlässig, dicht verschlossen	≠	hermeneutisch die Interpretation von Texten betreffend
h)	islamisch den Islam allgemein betreffend	≠	islamistisch fundamentalistisch, kompromisslos an Glaubensgrundsätzen festhaltend

Aufgabe 2 und 3

a)	kindlich in der Art eines Kindes, wie ein Kind	≠	kindisch albern, nicht dem Alter entsprechend
b)	original ursprünglich, echt	≠	originell einfallsreich, ungewöhnlich
c)	legal dem Gesetz entsprechend	≠	legitim berechtigt, angemessen
d)	karikativ verspottend, verzerrt komisch	≠	karitativ gemeinnützig, sozial
e)	labil nicht stabil, unausgeglichen	≠	latent verborgen, versteckt
f)	ökonomisch wirtschaftlich, effizient	≠	ökologisch umweltfreundlich, umweltbewusst

Ähnliche Adjektive in ihrer Bedeutung unterscheiden (S. 30/31)

Aufgabe 2 und 3

	≠	
g) logisch folgerichtig, klar	≠	logistisch die Logistik (Beschaffung und Lagerung von Produkten) betreffend
h) zweistündig zwei Stunden dauernd	≠	zweistündlich alle zwei Stunden stattfindend
i) episch (weit ausholend) erzählend, die erzählende Versdichtung betreffend	≠	ethnisch die Kultur und Herkunft einer Volksgruppe betreffend

Aufgabe 4

a) Das ist legal, da es im Gesetzbuch steht.
b) Er ist psychisch erkrankt, denn er leidet unter Depressionen.
c) Das Geld ist für karitative Zwecke, nämlich die Behindertenhilfe, bestimmt.
d) Die streitenden Parteien einigten sich gütlich, sodass das Gericht nicht tätig werden musste.
e) Der Jugendliche verhielt sich kindisch: Er setzte sich beleidigt wie ein Kleinkind unter den Tisch.
f) Trotz ihres Alters ist sie geistig noch sehr fit und löst jeden Tag mehrere Kreuzworträtsel.

Aufgabe 5

a) Auf der Versammlung trafen sich die ~~geistigen~~ **geistlichen** Vertreter aller Landeskirchenkreise.
b) Die Arbeit ist ~~psychisch~~ **physisch** sehr anstrengend, da man ständig schwere Sachen schleppen muss.
c) Dass Frauen die Erziehung der Kinder obliegt, ist eine ~~antiquarische~~ **antiquierte** Auffassung.
e) Der Zug fährt ~~zweistündig~~ **zweistündlich**, also um 12, 14, 16 und 18 Uhr.
f) Sein Anspruch ist ~~legal~~ **legitim**, denn er hat die Arbeitsleistung erbracht.
h) Es ist eine ~~ethnische~~ **ethische** Frage, wie weit die Medizin hier gehen darf.
i) Dieser Käse stammt ~~originell~~ **original** aus der Schweiz.
j) Die Produktion ist ~~ökologisch~~ **ökonomisch**, da die Maschinen ständig laufen und nie stillstehen.
k) Die Kürzungen bei den sozialen Leistungen sind ~~asozial~~ **unsozial**.

Ähnliche Nomen in ihrer Bedeutung unterscheiden (S. 32/33)

Aufgabe 1 und 2

a) Einfühlungsvermögen: Empathie ≠ Zuneigung: Sympathie
b) Zusammenzählung: Addition ≠ (Buch)Ausgabe: Edition
c) gefühlsmäßige Handlung: Affekt ≠ Auswirkung: Effekt
d) Gegenspieler: Antagonist ≠ Hauptfigur: Protagonist
e) gewaltsamer Einmarsch: Invasion ≠ Umkehrung: Inversion
f) verfügbare Menge: Kontingent ≠ Erdteil: Kontinent
g) Verschwörung: Komplott ≠ Nachtisch: Kompott
h) religiöse Versenkung: Meditation ≠ Streitschlichtung: Mediation
i) Anwesenheit: Präsenz ≠ Zeitstufe der Gegenwart: Präsens
j) Empfehlungsschreiben: Referenz ≠ Ehrerbietung: Reverenz
k) Wiederinstandsetzung: Reparatur ≠ Entschädigungszahlung: Reparation
l) Buchbesprechung: Rezension ≠ Konjunkturrückgang: Rezession

Aufgabe 3

a) Das Präsens bezeichnet die Zeitstufe der Gegenwart.
b) Gestern habe ich eine Rezension zu dem neuen Roman von Uwe Muster gelesen.
c) Der Täter handelte im Affekt, sein Verstand war ausgeschaltet.
d) Jede Lehrkraft hat nur ein gewisses Kontingent zum Kopieren.
e) Die Mediation ist erfolgreich verlaufen, der Streit der beiden ist beigelegt.
f) Fabian Heinze ist der Protagonist in dem Roman, da er durchgehend an der Handlung beteiligt ist und es bei dem Konflikt um ihn geht.
g) Besorgt euch bitte die Edition mit Anmerkungen aus dem Reclam-Verlag.
h) Bei ihrer Invasion in das Nachbarland zerstörten die Römer viele Städte.

Aufgabe 4

a) An dem ~~Kompott~~ **Komplott** waren etliche Politiker Roms beteiligt.
b) Er konnte sich nicht in ihre Lage versetzen, ihm fehlte jegliche ~~Sympathie~~ **Empathie**.
d) Viele Menschen haben Angst vor einer wirtschaftlichen ~~Rezension~~ **Rezession**, die den Lebensstandard senken könnte.
f) Die ~~Präsenszeiten~~ **Präsenzzeiten** sind: montags bis freitags von 9 bis 16 Uhr.
g) In der fünften Szene stehen sich Gräfin Dolores und der Bote Theodosius gegenüber, wobei sich der Bote zum ~~Protagonisten~~ **Antagonisten** der Gräfin entwickelt.
h) Bei der ~~Mediation~~ **Meditation** fand er seine innere Ruhe wieder und schöpfte neue Lebenskraft.

Fehler bei Wortbildung und Wendungen umgehen (S. 34–36)

Aufgabe 1

a) zumindest
mindestens

b) eingeebnet
planiert

c) oktroyieren
aufzwingen

d) besonders
insbesondere

e) addieren
zusammenzählen

f) Rückzahlung
Erstattung

g) entstammt
stammt aus

h) im Gegenteil
im Gegensatz dazu

i) trainieren
sich aneignen

j) hingegen
dagegen

Aufgabe 2

a) zutage treten
zum Vorschein kommen

b) seines Wissens
seinem Wissen nach

c) teilen
auseinandernehmen

d) Atomwiderstandsbewegung
Antiatombewegung

e) seiner ... wegen
um seiner ... willen

f) einen schlechten Eindruck machen
einen schlechten Einfluss ausüben

g) meines Erachtens
meiner Meinung nach

h) aus meinem Blickwinkel heraus
von meinem Standpunkt aus

Aufgabe 3

a) **Insbesondere/Besonders** bei der Ernährung sollte man nicht sparen.
b) **Seinem Wissen nach/Seines Wissens** wollte sie erst abends kommen.
c) **Um seiner Gesundheit willen/Seiner Gesundheit wegen** tritt er kürzer.
d) Er **oktroyierte** ihr seinen Willen./Er **zwang** ihr seinen Willen **auf**.

Aufgabe 4

a) Er engagierte sich in der **Antiatombewegung/Atomwiderstandsbewegung**.
c) Die **Rückzahlung/Erstattung** des zu viel bezahlten Geldes erfolgt nach Abschluss der Fahrt.
d) Sie behauptet **dagegen/hingegen**, dass das nicht stimmt.
f) **Meiner Meinung nach/Meines Erachtens** sollte die Klassenfahrt nicht zu teuer werden.
g) Du kannst die Einzelbeträge **addieren/zusammenzählen**.
h) **Aus meinem Blickwinkel heraus/Von meinem Standpunkt aus** ergibt ein solches Vorgehen keinen Sinn.
j) Du hättest **zumindest/mindestens** anrufen können.
l) Er **stammt aus/entstammt** einer adligen Familie.
m) Wer weiß, was bei der Untersuchung noch **zum Vorschein kommt/zutage tritt**.
n) **Im Gegensatz dazu** spricht sich Herr Glaser für die Einrichtung einer Klassenkasse aus. /Herr Glaser spricht sich **im Gegenteil** für die Einrichtung einer Klassenkasse aus.

 ISBN 978-3-8346-2758-2 | www.verlagruhr.de

Auf vollständige Sätze achten (S. 37/38)

Aufgabe 1

a) ☐ Sie ist Floristin, also verdient nicht viel.
☒ Sie ist Floristin, also verdient sie nicht viel.

b) ☐ Die Anzahl der öffentlichen Briefkästen hat abgenommen. Besonders weil immer mehr E-Mails versandt werden.
☒ Die Anzahl der öffentlichen Briefkästen hat abgenommen, besonders weil immer mehr E-Mails versandt werden.

c) ☒ Man könnte einen weiteren Experten hinzuziehen, wie zum Beispiel Herrn Professor Müller.
☐ Man könnte einen weiteren Experten hinzuziehen. Zum Beispiel Herrn Professor Müller.

d) ☐ Immer mehr Betriebe verlagern ihre Produktion nach Osteuropa. Weil zum Beispiel in Polen sind die Lohnkosten niedriger.
☒ Immer mehr Betriebe verlagern ihre Produktion nach Osteuropa, weil zum Beispiel in Polen die Lohnkosten niedriger sind.

e) ☐ Man muss bei Steuerhinterziehung harte Strafen verhängen. Wird sonst immer weiter praktiziert.
☒ Man muss bei Steuerhinterziehung harte Strafen verhängen. Steuerhinterziehung wird sonst immer weiter praktiziert.

Aufgabe 2

a) ☒ Die Autorin beklagt, dass dieser Vorschlag schwer in die Praxis umzusetzen ist. Und dass ein solches Vorgehen teuer ist.

b) ☒ Die Jugendliche ist schüchtern, also wird sich nicht trauen, ihre Freundin um Hilfe zu bitten.

c) ☐ Latein fällt nicht allen Schülern leicht, besonders Max fällt es schwer.

d) ☒ Wir könnten bei unserer Abschlussfahrt in eine europäische Hauptstadt fahren.
Zum Beispiel London.

e) ☒ Immer mehr Jugendliche scheitern am Gymnasium. Weil der Leistungsdruck in der verkürzten Sekundarstufe I hat so zugenommen.

f) ☒ Boris wütend. Weiß nicht, was er tun soll.
Er fühlt sich von den anderen alleingelassen.

g) ☐ Er besitzt keine starke Persönlichkeit, also wird er sich dem Willen seiner Eltern fügen.

h) ☐ Sie geht in den Garten, weil sie hofft, den Geliebten dort zu treffen.

i) ☒ Dieses Verhalten ärgert seine Eltern.
Vor allem seinen Vater.

j) ☒ Es wurden nicht alle Anwesenden von dem Wachtmeister verhört. Der Sohn zum Beispiel nicht.

Aufgabe 3

a) Die Autorin beklagt, dass dieser Vorschlag schwer in die Praxis umzusetzen ist und dass ein solches Vorgehen teuer ist.

b) Die Jugendliche ist schüchtern, also wird sie sich nicht trauen, ihre Freundin um Hilfe zu bitten.

d) Wir könnten bei unserer Abschlussfahrt in eine europäische Hauptstadt fahren, zum Beispiel London.

e) Immer mehr Jugendliche scheitern am Gymnasium, weil der Leistungsdruck in der verkürzten Sekundarstufe I so zugenommen hat.

f) Boris ist wütend und weiß nicht, was er tun soll. Er fühlt sich von den anderen alleingelassen.

i) Dieses Verhalten ärgert seine Eltern, vor allem seinen Vater.

j) Es wurden nicht alle Anwesenden von dem Wachtmeister verhört, der Sohn wurde zum Beispiel nicht verhört.

Unklare Bezüge von Personalpronomen vermeiden (S. 39)

Aufgabe 1

a) Jana trifft sich in der Stadt mit ihrer Schwester. .... (Jana) hat ihren Freund dabei.
b) Maik begrüßt seine Gäste. Er (Maik) schüttelt ihnen persönlich die Hand.
c) Anna begegnet ihrer Klavierlehrerin. .... (Anna) ist sehr erfreut.
d) Igor räumt seine Sachen zusammen. Er (Igor) packt alles in seinen Rucksack.
e) Unsere Schule liegt in der Stadt. .... (die Schule) bedeutet ihm sehr viel.
f) Lea sucht ihre Fahrkarte. .... (Lea) ist geknickt.
g) Nora kauft sich eine neue Tasche. Sie (Die Tasche) ist aus grünem Leder.

Aufgabe 2

b) Die Politikerin spricht von der Lage der Partei. **Die Politikerin** ist verzweifelt.
c) Nils hat mit Frank gestritten. **Nils** ist immer noch beleidigt.
e) Die Großeltern laden ihre Enkel zu einer Bergtour ein. **Die Großeltern** wandern gern.
f) Der Autor begründete den Stil des Realismus. **Der Stil des** Realismus zeichnete sich durch Klarheit aus.

Lösungen

Auf Übereinstimmung des Numerus von Subjekt und Prädikat achten (S. 40)

Aufgabe 1

a) Die Mitglieder der Fußball-AG ziehen (ziehen) sich jetzt um.
b) Die Fußballmannschaft besteht (bestehen) aus alten und jungen Spielern.
c) Bei diesem Sachtext fallen (fallen) die Wortwahl und der Satzbau auf.
d) Die Klasse 9 b gestaltet (gestalten) ihr Klassenzimmer selbst.
e) Reiter und Pferd sind (sein) nach dem Sturz wohlauf.
f) Eine hohe Anzahl von Schülern fährt (fahren) mit dem Fahrrad zur Schule.

Aufgabe 2

a) Die Linie 5 und die Linie 8 **halten** direkt am Domplatz.
c) Der Tatort und das nebenstehende Gebäude **wurden** abgesperrt.
d) Die Mehrzahl der Schülerinnen und Schüler **besitzt** einen eigenen Computer.
f) Die Klasse 10 a und die Klasse 10 b **fahren** nach München auf Klassenfahrt.
h) Die Mitglieder des Festkomitees **besprechen** am Sonntag die weitere Planung.
i) Der Bus und die Regionalbahn **fahren** sonntags nur selten.

87

© Verlag an der Ruhr | Autorin: Birgit Lascho | ISBN 978-3-8346-2758-2 | www.verlagruhr.de
Typische Stolperfallen der deutschen Grammatik umgehen

Den richtigen Numerus bei relativischen Anschlüssen wählen (S. 41)

Aufgabe 1

a) Sie ist eine der ersten Frauen, die einen Flugschein gemacht haben (haben).
b) Sie ist die netteste aller Verkäuferinnen, die in dem Laden arbeiten (arbeiten).
c) Das ist eine der ökonomischsten Maschinen, die gerade auf dem Markt sind (sein).
d) Er ist der schnellste Läufer aus dem Kreise der Sportler, die dort sitzen (sitzen).
e) Diese Gebirgslandschaft stellt eine der höchsten Erhebungen dar, die auf der Welt existieren (existieren).
f) Das ist das größte aller Geschäfte, die sich im Einkaufscenter befinden (befinden).

Aufgabe 2

a) Das ist das neuste aller Automodelle, die mit Strom fahren.
c) Er war der erste aller Menschen, die den Mond betraten.

Bei nachgestellten Appositionen auf den richtigen Kasus achten (S. 42)

Aufgabe 1

a) Sie bargen die Verletzte, eine 45-jährige Frau (eine 45-jährige Frau).
b) Er erzählte Noah, einem guten Freund (ein guter Freund) von ihm, von dem Plan.
c) Die Mieterin, eine alte Dame (eine alte Dame), öffnete.
d) Doch Ben, ihren Sohn (ihr Sohn), der die Ruhe weghat, stört das nicht.
e) Die beiden nähern sich dem Rathaus, einem riesigen Gebäude (ein riesiges Gebäude).
f) Sie nahm sich des jaulenden Tieres, eines Dackels (ein Dackel), der vor der Haustür saß und hereingelassen werden wollte, an.

Aufgabe 2

a) Er packte den Stift, einen Kugelschreiber, ein.
c) Der Bankräuber hatte sich der Tatwaffe, einer abgesägten Schrotflinte, im Park entledigt.
e) Vor der Tür sah Frau Schmidt ein Kind, einen Jungen mit einem Federballschläger, stehen.
f) Im Flur begegnete sie Frau Müller, einer Kunstlehrerin an der Schule.

Bei Nominalphrasen mit „als" und „wie" auf den richtigen Kasus achten (S. 43)

Aufgabe 1

a) Sie wählten ihn als neuen Klassensprecher (neuer Klassensprecher).
b) Wie jeder erfahrenen Lehrkraft (jede erfahrene Lehrkraft) kam ihr das Verhalten der Klasse seltsam vor.
c) Leon begrüßte Patrick wie einen alten Freund (ein alter Freund).
d) Sie wird als begabte Komponistin (begabte Komponistin) geschätzt.
e) Als guter Beobachter (guter Beobachter) bemerkte er dies sofort.
f) Die Organisatoren haben ihn als ersten Redner (erster Redner) vorgesehen.

Aufgabe 2

a) Sie beschäftigen ihn als **unbezahlten Praktikanten**.
c) Als **mittelmäßiger** Schülerin fiel ihr die Klassenarbeit schwer.
d) Ihm ist es als **erstem** Wissenschaftler gelungen, die Zusammensetzung des Gesteins zu ergründen.
e) Wie jeder **erfahrenen** Hundehalterin fiel ihr sofort auf, dass mit dem Hund etwas nicht stimmte.

© Verlag an der Ruhr | Autorin: Birgit Lascho | ISBN 978-3-8346-2758-2 | www.verlagruhr.de

Lösungen

Verkürzte Formen zusammengesetzter Adverbien vermeiden (S. 44/45)

Aufgabe 1

a) Annabell bat ihren Besuch <u>herein</u>.
b) Er schlich um die Ecke <u>herum</u>.
c) Jannis kam aus dem Haus <u>heraus</u>.
d) Sie fuhren mit der Fähre zum anderen Ufer <u>hinüber</u>.
e) Maik kletterte die Leiter <u>hinauf</u>.
f) Die Lawine stürzte ins Tal <u>hinab</u>.

Aufgabe 2

a) Sie winkte freundlich zu mir **herüber**.
b) Felix ließ seinen Kater **herein**.
c) Kilian lehnte sich aus dem Fenster **heraus**.
d) Sophie kam die Treppe **herunter**.
e) Max radelte gemächlich um die Kurve **herum**.

Aufgabe 3

a) Der Zug fährt aus dem Bahnhof **heraus**.
c) Er kommt von der anderen Straßenseite **herüber**.
e) Marlene fand **heraus**, dass der Zug auf Gleis 8 abfuhr.
f) Die Mutter bat Jan, sofort zu ihr **heraufzu-kommen**.
g) Die beiden Männer schlichen um das Haus **herum**.

89

© Verlag an der Ruhr | Autorin: Birgit Lascho | ISBN 978-3-8346-2758-2 | www.verlagruhr.de

Typische Stolperfallen der deutschen Grammatik umgehen

Schwache Nomen richtig deklinieren (S. 46)

Aufgabe 1

a) Der Tierpfleger warf dem Löwen (Löwe) Futter ins Gehege.
b) Der Diener konnte den Grafen (Graf) nirgends finden.
c) Die Geduld des Polizisten (Polizist) war aufgebraucht.
d) Sie beauftragte einen Juristen (Jurist) mit der Verteidigung.
e) Sie streichelte den Hasen (Hase).
f) Die Frau erklärte dem Studenten (Student) den Weg zum Schwimmbad.

Aufgabe 2

a) Sie erblickte **den Prinzen** im Schlossgarten.
c) Die Mutter gab **dem Jungen** Geld.
d) Er gratulierte **dem Präsidenten** zur Wiederwahl.

Besonderheiten der Adjektivdeklination beachten (S. 47)

Aufgabe 1

a) ☐ Manchem starkem Jungen macht das nichts aus.
☒ Manchem starken Jungen macht das nichts aus.
b) ☒ Diesem lauten Gebrüll hatte niemand etwas entgegenzusetzen.
☐ Diesem lautem Gebrüll hatte niemand etwas entgegenzusetzen.

Aufgabe 2

a) Bei diesem schlechten (schlecht) Wetter geht niemand freiwillig vor die Tür.
b) Im Wald begegneten sie einem riesigen (riesig) Mann.
c) Sie gab dem hungrigen (hungrig) Kater Futter.
d) Das kannst du deinem jüngeren (jünger) Bruder geben.
e) Vergiss nicht, dem netten (nett) Nachbarn Bescheid zu sagen.
f) Er griff nach seinem gefüllten (gefüllt) Portmonee.
g) Nach jenem hübschen (hübsch) Mädchen drehten sich alle um.
h) Manchem eitlen (eitel) Schauspieler fehlt das Rampenlicht.
i) Er riet ihr zu einem ruhigen (ruhig) Lebensstil.
j) In unserem ehemaligen (ehemalig) Haus wohnt wieder eine Familie mit Kindern.

Mehrteilige aneinanderreihende Konjunktionen richtig verwenden (S. 48)

Aufgabe 1

a) ☐ Einerseits hatte er keine Lust aus dem Haus zu gehen, andererseits war er in Partystimmung.
b) ☒ Einesteils packte er elegante Kleidung ein, er legte jedoch auch sportliche Kleidung in den Koffer.
c) ☐ Darin waren einesteils gebrauchte Sachen, andernteils neue Sachen.
d) ☒ Er freute sich einerseits darauf, zu seiner Oma zu fahren, aber er hätte die Ferien auch gerne zu Hause mit seinen Freunden verbracht.

Aufgabe 2

a) ☐ Sowohl seine Mutter als auch sein Vater waren auf der Arbeit.
b) ☒ Einesteils fiel es ihm leicht, andererseits musste er sich doch anstrengen.
c) ☒ Es kam sowohl der Stadtrat sowie der Bürgermeister.
d) ☒ Einerseits konnte er es kaum erwarten, im anderen Fall war es ihm nicht geheuer.
e) ☐ Teils erschienen die Besucher in Faschingskostümen, teils in normaler Kleidung.
f) ☒ Im einen Fall gewann der Kläger, beim anderen Mal erhielt der Beklagte Recht.
g) ☒ Teils klatschten die Leute, andere verließen das Theater ohne Applaus.
h) ☐ Im einen Fall hatte sie Erfolg, im anderen Fall konnte sie leider niemanden erreichen.

Aufgabe 3

Einesteils packte er elegante Kleidung ein, <u>andernteils</u> legte er auch sportliche Kleidung in den Koffer. (1b)
Er freute sich einerseits darauf, zu seiner Oma zu fahren, aber <u>andererseits</u> hätte er die Ferien auch gerne zu Hause mit seinen Freunden verbracht. (1d)
Einesteils fiel es ihm leicht, <u>andernteils</u> musste er sich doch anstrengen. (2b)
Es kamen sowohl der Stadtrat <u>als auch</u> der Bürgermeister. (2c)
Einerseits konnte er es kaum erwarten, <u>andererseits</u> war es ihm nicht geheuer. (2d)
Im einen Fall gewann der Kläger, <u>im anderen Fall</u> erhielt der Beklagte Recht. (2f)
Teils klatschten die Leute, <u>teils</u> verließen sie das Theater ohne Applaus. (2g)

Häufung von Konjunktionen vermeiden (S. 49)

Aufgabe 1

a) ☒ Sie glaubt, dass, wenn es kälter wird, die Rohre einfrieren.
b) ☐ Er ärgerte sich, obwohl er den Schaden, nachdem er ihn der Versicherung gemeldet hatte, ersetzt bekommen hatte.
c) ☒ Paul hat Angst, weil, wenn er in der Klassenarbeit eine schlechtere Note als eine Vier schreibt, er das Schuljahr wiederholen muss.
d) ☒ Dana meint, dass, da die Geburtstagsfeier vorbei ist, die Möbel wieder ins Wohnzimmer getragen werden können.
e) ☐ Lisa freut sich, weil sie, wenn es klappt, in den Ferien zu ihrer Oma fahren kann.
f) ☒ Ben war skeptisch, obwohl, nachdem Justus und Serkan nacheinander ein Tor geschossen hatten, seiner Mannschaft der Sieg sicher zu sein schien.

Aufgabe 2

a) Sie glaubt, dass die Rohre, wenn es kälter wird, einfrieren.
c) Paul hat Angst, weil er, wenn er in der Klassenarbeit eine schlechtere Note als eine Vier schreibt, das Schuljahr wiederholen muss.
d) Dana meint, dass die Möbel, da die Geburtstagsfeier vorbei ist, wieder ins Wohnzimmer getragen werden können.
f) Ben war skeptisch, obwohl seiner Mannschaft, nachdem Justus und Serkan nacheinander ein Tor geschossen hatten, der Sieg sicher zu sein schien.

Aufgabe 3

a) Sie glaubt, dass die Rohre einfrieren, wenn es kälter wird.
c) Paul hat Angst, weil er das Schuljahr wiederholen muss, wenn er in der Klassenarbeit eine schlechtere Note als eine Vier schreibt.
d) Dana meint, dass die Möbel wieder ins Wohnzimmer getragen werden können, da die Geburtstagsfeier vorbei ist.
f) Ben war skeptisch, obwohl seiner Mannschaft der Sieg sicher zu sein schien, nachdem Justus und Serkan nacheinander ein Tor geschossen hatten.

Überdehnte Verbklammern vermeiden (S. 50)

Aufgabe 1

a) Sie reisten sofort ab, weil der Hund krank war.

b) Der Bankräuber hatte die Waffe weggeworfen, nachdem er gemerkt hatte, dass die Polizei ihm auf den Fersen war.

c) Der Festgenommene gab die Tat zu, nachdem ihn die Polizei mehrfach befragt hatte.

d) Der Direktor befürwortete den Vorschlag der Schülervertretung keineswegs, den Unterricht am letzten Tag vor den Weihnachtsferien ausfallen zu lassen.

e) Die Schule war gerade saniert worden, bevor sie letzte Woche bis auf die Grundmauern niedergebrannt war.

f) Die Bundesregierung schloss weitere Verträge mit einzelnen Bundesländern in diesem Bereich aus, weil sie Geld sparen musste.

g) Schon nach kurzer Zeit baute er den Flohmarktstand ab, weil keine Leute kamen.

h) Er bestritt nicht, dass er daran beteiligt war.

Lösungen

Die Stammformen von „winken", „niesen", „schwören" und „heißen" richtig bilden (S. 51/52)

Aufgabe 1

a) Ben <u>schwor</u> (Präteritum von „schwören"), dass er sich mehr anstrengen würde.

b) Mutter <u>hat</u> mir aus dem Fenster <u>gewinkt</u> (Perfekt von „winken").

c) Es kitzelte ihn in der Nase und er <u>nieste</u> (Präteritum von „niesen").

d) Der Polizist <u>winkt</u> (Präsens von „winken") den Autofahrer auf den Parkplatz.

e) Sie <u>hat</u> vor ihrer Heirat Becker <u>geheißen</u> (Perfekt von „heißen").

f) Er <u>schwört</u> (Präsens von „schwören"), dass er nur sie liebt.

g) Maik hat gerade <u>geniest</u> (Perfekt von „niesen").

h) Stella <u>winkte</u> (Präteritum von „winken") vom Balkon herab.

i) Der Angeklagte <u>hat geschworen</u> (Perfekt von „schwören"), dass er zum Zeitpunkt der Tat zu Hause war.

j) Der Junge, der gestern hier war, <u>hieß</u> (Präteritum von „heißen") Niclas.

Aufgabe 2

a) Sie **schwor**, dass sie das nicht getan habe.

b) Er wäscht sich die Hände, denn er hat gerade **geniest**.

d) Er hat ihr vom Balkon **gewinkt**.

e) Sie hat früher Bayer mit Nachnamen **geheißen**.

Die Formen der Verben „hängen" und „erschrecken" richtig gebrauchen (S. 53/54)

Aufgabe 1

a) Die Jacke hing an der Flurgarderobe.
Sie hängte die Jacke an die Flurgarderobe.

b) Er war zutiefst erschrocken, als es knallte.
Mit der Geister-Maske hat er seine kleine Schwester erschreckt.

c) Sie haben die Weihnachtskugeln an den Baum gehängt.
Die beiden Schilder haben letzte Woche schon an der Ladentür gehangen.

d) Als es klingelte, erschrak er heftig.
Paul erschreckte Lisa, indem er sie plötzlich von hinten an die Schultern fasste.

Aufgabe 2

a) Opa hängte (Präteritum von „hängen") die Uhr an die Wand.
b) Tom erschrickt (Präsens von „erschrecken") heftig, als er das Gespenst sieht.
c) Der Kalender hängt (Präsens von „hängen") an der Wand.
d) Sie hat Tina mächtig erschreckt (Perfekt von „erschrecken").
e) Das Gemälde hat hier gehangen (Perfekt von „hängen").
f) Sein Turnbeutel hing (Präteritum von „hängen") am Gartentor.
g) Ich bin sehr erschrocken (Perfekt von „erschrecken"), als es geknallt hat.
h) Sie hängt (Präsens von „hängen") das Mobile auf.
i) Der Hund erschreckte (Präteritum von „erschrecken") die Vögel am Baum.
j) Er hat das Vogelhäuschen aufgehängt (Perfekt von „aufhängen").
k) Der Junge erschreckt (Präsens von „erschrecken") die Gänse.
l) Lena erschrak (Präteritum von „erschrecken") heftig, als es donnerte.

Aufgabe 3

a) ☒ Sie hat die Anziehsachen auf die Wäscheleine gehangen.
b) ☐ Diese Lampe hing früher in der Küche.
c) ☐ Sie war sehr erschrocken, als das Fahrrad plötzlich umfiel.
d) ☒ Mit seiner Spielzeugkanone erschrak Max die Katze, die getroffen von der Kanonenkugel mit einem Satz aus ihrem Körbchen sprang.
e) ☒ Sie hing das Gemälde an die Wand.
f) ☒ Er erschreckte zutiefst, als das Sofa plötzlich zusammenkrachte.

a) Sie hat die Anziehsachen auf die Wäscheleine **gehängt**.
d) Mit seiner Spielzeugkanone **erschreckte** Max die Katze, die getroffen von der Kanonenkugel mit einem Satz aus ihrem Körbchen sprang.
e) Sie **hängte** das Gemälde an die Wand.
f) Er **erschrak** zutiefst, als das Sofa plötzlich zusammenkrachte.

Zugehörigkeitsverhältnisse eindeutig ausdrücken (S. 55)

Aufgabe 1

a) Jan, Tim sowie **Jans** Freund kommen heute.
Jan, Tim sowie **dessen** Freund kommen heute.

b) Mia, Lena und **Mias** Freundin warten dort.
Mia, Lena und **deren** Freundin warten dort.

c) Wir freuen uns auf Anna, ihre Schwester und **Annas** Kinder.
Wir freuen uns auf Anna, ihre Schwester und **deren** Kinder.

Aufgabe 2

a) Im Kino treffen sie Lara, ihre Mutter und **Laras** Schwester.

b) Es kommen Jonas, Niklas und **dessen** Eltern zu Besuch.

c) Vielleicht können dir Daniel, sein Freund und **dessen** Bruder beim Umzug helfen?

d) Ich erkannte schon von Weitem Rebekka, Lena und **Rebekkas** Cousinen.

Pleonasmen vermeiden (S. 56/57)

Aufgabe 1

☐ grüne Seife
☒ wanderndes Nomadenvolk
☐ altes Haus
☒ zwei Zwillinge
☐ weiße Farbe
☐ hübsche Frau
☒ Glasvitrine
☒ Fußpedal
☐ rote Rose
☐ kleines Kind
☒ verheiratetes Ehepaar
☒ feuchter Tau
☐ leckeres Gericht
☒ Zukunftsprognose
☐ lautes Geschrei
☒ weibliche Stute

☒ schwarzer Rappe
☐ eiserne Tür
☒ preiswertes Schnäppchen
☐ dicker Stoff
☒ vitale Lebendigkeit
☒ sparsamer Geizhals
☒ Salzsaline
☐ vier Jungen
☒ unwahre Lüge
☐ sonniger Tag
☐ junger Mann
☒ tote Leiche
☒ Einzelindividuum
☐ traumhaftes Wetter
☒ kriminelles Verbrechen
☒ betagter Greis

☒ feuchter Niederschlag
☐ schnelles Auto
☐ jüngere Schwester
☒ Vogelvoliere
☐ großer Bruder
☐ alter Herr
☐ nasses Tuch
☒ weibliches Mädchen
☐ wertvolle Kette
☐ witzige Figur
☒ neu renoviert
☐ runder Tisch
☐ starke Schmerzen
☒ Rückantwort
☐ langes Kleid
☐ hoher Baum

Aufgabe 2

a) Er las einen spannenden Roman.
b) Das Haus ist ~~neu~~ renoviert.
c) Anna hat ein ~~preiswertes~~ Schnäppchen gemacht.
d) Aus seinem Zimmer drang laute Musik.
e) Sie schickte ihm eine ~~Rück~~Antwort.
f) Lena stellte ihr Geschirr in die ~~Glas~~Vitrine.
g) Er hatte einen guten Einfall.
h) Dort standen ~~zwei~~ Zwillinge.
i) Vor dem Kino traf sie zwei Freundinnen.
j) Er trat heftig auf das ~~Fuß~~Pedal.
k) Die ~~Zukunfts~~Prognose für die Einkommensentwicklung ist nicht rosig.
l) Die Frau trug goldene Ohrringe.
m) Sie brachte ihren großen Bruder mit.
n) Auf der Party tanzte er mit einem ~~weiblichen~~ Mädchen.
o) Onkel Erik ist ein ~~sparsamer~~ Geizhals.
p) Auf dem Dachboden lag eine ~~tote~~ Leiche.
q) Für Dienstag ist starker Regen vorhergesagt.
r) Jedes ~~Einzel~~Individuum reagiert anders.
s) Über uns wohnt ein ~~verheiratetes~~ Ehepaar.
t) Er schenkte ihr rote Rosen.
u) Sie hatte lackierte Fingernägel.
v) Vor dem Bahnhof saß ein ~~alter~~ Greis.
w) Dort standen zwei Zwillingspaare.
x) Sie bürstete die ~~weibliche~~ Stute.
y) Er rannte gegen die Glastür.

Auf den Genitiv nach den Präpositionen „wegen", „infolge", „kraft", „statt" und „aufgrund" achten (S. 58)

Aufgabe 1

a) Kraft des Gesetzes wurde er zu drei Jahren Haft verurteilt.
b) Die Bücherei öffnet wegen einer Personalversammlung erst später.
c) Infolge der Bauarbeiten kann es zu Verkehrsbehinderungen kommen.
d) Aufgrund einer Signalstörung kommt es zu Zugverspätungen.
e) Infolge des Nebels können Flüge ausfallen.
f) Statt des Lateinbuchs packte er das Deutschbuch ein.
g) Wegen der lang anhaltenden Hitze besteht die Gefahr von Waldbränden.

Aufgabe 2

a) Aufgrund **des Weinfestes** ist die Innenstadt gesperrt.
b) Kraft **meines Amtes** muss ich diese Entscheidung treffen.
c) Wegen **eines Oberleitungsschadens** ist der Zugverkehr unterbrochen.
d) Statt **unseres Lehrers** kam die Sekretärin herein.
f) Infolge **des heftigen Schneefalls** kam es zu kilometerlangen Staus.
h) Aufgrund **eines Unfalls** war er gelähmt.
i) Er wurde infolge **des starken Aufpralls** schwer verletzt.
j) Die Toiletten sind wegen **eines Rohrbruchs** geschlossen.

Lösungen

Genitiv-Verben richtig ergänzen (S. 59)

Aufgabe 1

a) Er bediente sich seines Verstandes.
b) Der Bankräuber entledigte sich seines Tatwerkzeugs.
c) Sie erwehrten sich des feindlichen Angriffs.
d) Er erbarmte sich des schreienden Kindes.
e) Der Chef vergewisserte sich des Bemühens des Lehrlings.
f) Der Verbrecher rühmte sich öffentlich seiner Tat.
g) Ein solches Vorgehen bedarf des Einverständnisses des Chefs.
h) Dieses Verhalten entbehrt jeglichen Sinns.
i) Er bemächtigte sich des Geldes (das Geld).
j) Sie enthielt sich jeglichen Kommentars.
k) Er wurde des Amtes (das Amt) enthoben.
l) Sie gedachten des getöteten Polizisten (der getötete Polizist).

Aufgabe 2

a) Er bemächtigte sich **des ganzen Erbes**.
b) Seine gezeigte Reaktion entbehrt **jeglichen Anstands**.
c) Sie erbarmte sich **des hungrigen Hundes**.

97

© Verlag an der Ruhr | Autorin: Birgit Lascho | ISBN 978-3-8346-2758-2 | www.verlagruhr.de
Typische Stolperfallen der deutschen Grammatik umgehen

Bestimmte Präpositionen mit dem Dativ verwenden (S. 60)

Aufgabe 1

a) Unter diesem Vorwand (dieser Vorwand) konnte sich der Betrüger leicht Zutritt zu der Wohnung verschaffen.

b) Dem Abkommen (Das Abkommen) zufolge sollen die Kriegshandlungen ab sofort eingestellt werden.

c) Sie kam samt ihrem Gepäck (ihr Gepäck) herein.

d) Entsprechend diesem Protokoll (dieses Protokoll) war er bei der letzten Versammlung nicht anwesend.

e) Die Reparatur wurde gemäß dem Vertrag (der Vertrag) vom 20. August 2012 ausgeführt.

f) Entgegen meinem Wunsch (mein Wunsch) wurde ein anderes Produkt geliefert.

g) Seit dem Unfall (der Unfall) ist er querschnittsgelähmt.

h) Das Auto steht vor dem Haus (das Haus).

i) Außer diesem Fall (dieser Fall) sind alle Vorgänge bearbeitet.

j) Die Marmelade hatte sie von dem Mieter (der Mieter) nebenan.

Aufgabe 2

a) Gemäß **dem Gesetzestext** ist dies nicht zulässig.

b) Entgegen **meinem Rat** ging er zu spät ins Bett.

e) Er ist **seinem Alter entsprechend** entwickelt.

f) Sie kreuzte samt **ihrem Hund** auf.

Den Imperativ von Verben mit e/i-Wechsel richtig bilden (S. 61)

Aufgabe 1

HILFAGA**SPRICH**UHU**NIMM**OKONG**UNTERBRICH**A
LIESWALLA**SEI**MONGO**MISS**POL**ISS**ONOIUA
VERSPRICHMILLI**SIEH**UHUH**EMPFIEHL**MEINI
VERGISSON**GIB**PAPI**WIRF**GALLI

Aufgabe 2

a) Nimm (nehmen) einen Regenschirm mit!

b) Lies (lesen) dir die Aufgabenstellung genau durch!

c) Sprich (sprechen) bitte lauter!

d) Sei (sein) vorsichtig!

e) Vergiss (vergessen) nicht, vorher Bescheid zu sagen!

f) Hilf (helfen) mir bitte beim Tragen!

g) Empfiehl (empfehlen) ihm dieses Buch!

h) Miss (messen) genau nach!

i) Unterbrich (unterbrechen) ihn nicht ständig!

j) Sieh (sehen) im Lexikon nach!

k) Iss (essen) nicht während des Unterrichts!

l) Versprich (versprechen) mir, dass du daran denkst!

m) Wirf (werfen) das bitte nicht weg!

n) Gib (geben) acht, wenn du um die Kurve fährst!

Superlative nicht steigerbarer Adjektive vermeiden (S. 62/63)

Aufgabe 1

[leblos] – hübsch – [dreieckig] – neu – [optimal] – [halb] – laut – jung – schmal – böse
hässlich – [minimal] – schlau – [einzig] – [ideal] – trotzig – weich – winzig – [absolut] – kalt
heiß – [ganz] – nett – schön – kurz – [hölzern] – langsam – treu – fleißig – [endgültig]
[mündlich] – [zweifach] – schnell – groß – [ehemalig] – leise – [golden] – traurig – [ledig] – faul
zornig – [kein] – süß – [stumm] – lecker – [tot] – neidisch – verrückt – tief – [einzigartig]
[extrem] – geizig – klein – warm – [viereckig] – fröhlich – [blind] – niedlich – hoch – alt
klein – [nackt] – [maximal] – sauber – scheu – [vollendet] – witzig – gering – [rund] – [total]

Aufgabe 2

a) Ihr Antlitz war von einzigartiger Schönheit.
b) Dies ist der nackte Wahnsinn.
c) Alina fuhr mit maximaler Geschwindigkeit.
d) Das trifft in keiner Weise zu.
e) Bei uns gibt es eine riesige Auswahl goldener Ringe.
f) Er unterhält sich mit seinem ehemaligen Lehrer.
g) Sie schickte den Antrag in zweifacher Ausführung weg.
h) Jana ist das einzige Mädchen in der Fußball-AG.
i) Das ist der ideale Plan.
j) Dies ist der endgültige Preis.

Aufgabe 3

a) Das ist der einfachste (einfach) Weg von allen.
b) Dies ist die optimale (optimal) Lösung.
c) Er hatte die witzigste (witzig) Verkleidung von allen.
d) Das bedeutete den absoluten (absolut) Horror für sie.
e) Sie kaufte die teuersten (teuer) Stiefel.
f) Diese Reifen sind auch für extreme (extrem) Geschwindigkeiten geeignet.
g) Lena war die einzige (einzig) Praktikantin.
h) Er hatte das längste (lang) Gedicht verfasst.
i) Sie hat sich nicht in der geringsten (gering) Weise bemüht.
j) Das war sein endgültiger (endgültig) Entschluss.

Aufgabe 4

a) Dies ist das ~~idealste~~ **ideale** Fahrrad für Jugendliche.
d) Das ist das ~~totalste~~ **totale** Schnäppchen des Monats.
e) Diese Hose ist von ~~einzigartigster~~ **einzigartiger** Qualität.
f) Darauf war er in ~~keinster~~ **keiner** Weise vorbereitet.
h) Für die Schule betrieb Melanie nur den ~~minimalsten~~ **minimalen** Aufwand.
i) Das ist die ~~einzigste~~ **einzige** Möglichkeit.

Zusammensetzungen mit Adjektiven richtig steigern (S. 64)

Aufgabe 1

a) Das ist das meistgekaufte (meistgekaufte/meistgekaufteste) Handy.
b) Es war die bestmögliche (bestmögliche/bestmöglichste) Lösung.
c) Dies ist die höchstgestellte (höchstgestellte/höchstgestellteste) Person.
d) Sie hielten an der nächstgelegenen (nächstgelegenen/nächstgelegensten) Tankstelle an.

Aufgabe 2

a) Dieses ist das bestbewährte (best + bewährt) Haarshampoo.
b) Er kaufte im nächstliegenden (nächst + liegend) Ort ein.
c) Sie bemühte sich um die größtmögliche (größt + möglich) Sorgfalt.
d) Es ist das dichtestbevölkerte (dichtest + bevölkert) Land.
e) Dort herrschte weitestgehende (weitest + gehend) Leere.
f) Er kam auf dem schnellstmöglichen (schnellst + möglich) Weg.
g) Dort ist das höchstliegende (höchst + liegend) Dorf.

Aufgabe 3

a) Das war die **nächstliegende** Idee.
b) Er bemühte sich um **größtmöglichen** Einsatz.
d) Hierbei handelt es sich um das derzeit **meistverkaufte** Buch.

Auf die richtige Satzstellung nach den Konjunktionen „weil" und „denn" achten (S. 65–67)

Aufgabe 1

a) Charlotte holt sich eine Jacke, **weil es kühl wird**.
b) Frederik ist verärgert, **weil er keine Kinokarten mehr bekommen hat**.
c) Miriam zählt ihr Geld, **weil sie sich einen Armreif kaufen will**.
d) Lukas freut sich, **weil er als Erster durch das Ziel gelaufen ist**.
e) Annika packt ihr Brot aus, **weil sie Hunger verspürt**.
f) Johanna geht zum Kiosk, **weil sie eine neue Busfahrkarte benötigt**.
g) Marius beeilt sich, **weil der Bus in zehn Minuten fährt**.
h) Rebekka hält nach einer Bankfiliale Ausschau, **weil Rebekka noch Geld abheben muss**.

Aufgabe 2

a) Nora beeilt sich, weil ihr Freund auf sie wartet.
b) Er nimmt einen Schirm mit, denn der Himmel sieht bewölkt aus.
c) Caroline macht sich hübsch, denn sie fährt gleich mit Freunden in die Stadt.
d) Er sucht eine Steckdose, weil sein Handyakku leer ist.
e) Alina geht zum Geldautomaten, weil sie nur noch fünf Euro hat.
f) Ben kommt zu spät, denn er hat den Bus verpasst.

Aufgabe 3

a) Ein Handyverbot in der Schule ist nötig, weil klingelnde Handys den Unterricht unterbrechen.
b) Klassenfahrten sind sinnvoll, weil sie das soziale Miteinander der Lernenden fördern.
c) Es sollte Wahlfreiheit zwischen G 8 und G 9 geben, denn jeder lernt in einem anderen Tempo.
d) Eine Mensaaufsicht ist erforderlich, weil viele Schüler ihre benutzten Teller nicht wegräumen.
e) Streitschlichter-Programme sind hilfreich, denn so lösen Schüler ihre Konflikte untereinander selbst.
f) Man sollte die Pausenhalle neu gestalten, weil sie derzeit wenig einladend wirkt.

Aufgabe 4

a) Er macht sich auf den Weg zur Bibliothek, **weil er übermorgen ein Referat halten muss**.
c) Jan bittet seine Mutter um Geld, **weil seine Turnschuhe kaputt sind**.
e) Patrick lässt sich verschiedene Smartphones zeigen, **weil er sich ein neues Modell kaufen will**.
f) Yannik beeilt sich, **weil das Basketball-Training um 17 Uhr beginnt**.

Verbindungen von Personalpronomen mit der Präposition „wegen" richtig bilden (S. 68)

Aufgabe 1

a) Wir sind ihretwegen (wegen ihr) zu spät gekommen.
b) Ich habe deinetwegen (wegen dir) einen Kuchen gebacken.
c) Sie mussten seinetwegen (wegen ihm) warten.
d) Ihr braucht euch meinetwegen (wegen mir) keine Sorgen zu machen.
e) Er ist ihretwegen (wegen ihnen) noch länger geblieben.
f) Dieses Meerschweinchen ist niedlich, doch seinetwegen (wegen ihm) kann ich nicht spontan in den Urlaub fahren.
g) Ihr sollt euch unseretwegen (wegen uns) keine unnötige Mühe machen.
h) Paul hat euretwegen (wegen euch) extra Tee gekocht.

Aufgabe 2

a) ☒ Wir müssen uns ~~wegen ihr~~ **ihretwegen** keine Gedanken machen.
b) ☐ Das geht unseretwegen nicht.
c) ☒ ~~Wegen mir~~ **Meinetwegen** brauchen wir dort nicht hinzufahren!
d) ☒ Ich muss ~~wegen ihnen~~ **ihretwegen** zu Hause bleiben.
e) ☐ Er hat euretwegen gerade diesen späten Termin ausgemacht.
f) ☒ Sie kann ~~wegen ihm~~ **seinetwegen** leider nicht mitfahren.

Missverständnisse bei der Bildung zusammengesetzter Nomen vermeiden (S. 69)

Aufgabe 1

a) Kindergartenmöbel: Möbel für einen Kindergarten
b) Kindergartenmöbel: Gartenmöbel für Kinder

Aufgabe 2

a) Holzhasenstall → Hasenstall aus Holz
b) Kinderwurst → Wurst für Kinder
c) Großmutterkuchen → Kuchen nach Großmutters Art
d) Seniorenlederschuhe → Lederschuhe für Senioren

Aufgabe 3

a) ☐ Sie hat Hundefutter gekauft.
b) ☒ Für Minkas Körbchen müssen wir ein neues Stoffkatzenkissen kaufen.
c) ☐ Die Haustür ist verschlossen.
d) ☒ Du kannst das Hundefleisch schon in den Napf füllen, Bello und Pola warten schon.

b) Für Minkas Körbchen müssen wir ein **neues Stoffkissen für Katzen/ein neues Katzenkissen aus Stoff kaufen**.
d) Du kannst **das Fleisch für die Hunde** schon in den Napf füllen, Bello und Pola warten schon.

Literaturtipps

Ines Balcik/Jürgen Folz/Klaus Röhe
PONS. Perfektes Deutsch.
Der Ratgeber in sprachlichen Zweifelsfällen.
PONS, 2009.
ISBN 978-3-12-561562-5

Ines Balcik/Klaus Röhe/Verena Wrobel
PONS. Die große Grammatik.
PONS, 2009.
ISBN 978-3-12-561561-8

Duden. Richtiges und gutes Deutsch.
Das Wörterbuch der sprachlichen Zweifelsfälle (Duden Band 9).
Hrsg. und überarbeitet von der Dudenredaktion unter Mitwirkung von Peter Eisenberg und Jan Georg Schneider.
Bibliographisches Institut, 2011.
ISBN 978-3-411-04097-1

Duden. Die Grammatik.
Unentbehrlich für richtiges Deutsch (Duden Band 4).
Hrsg. von der Dudenredaktion.
Bibliographisches Institut, 2009.
ISBN 978-3-411-04047-6

Duden. Rechtschreibung und Grammatik – leicht gemacht.
Bibliographisches Institut, 2007.
ISBN 978-3-411-72971-5

Duden. Im Zweifel für den Genitiv.
Die meistgestellten Fragen an die Dudenredaktion.
Bearbeitet von Evelyn Knörr.
Bibliographisches Institut, 2008.
ISBN 978-3-411-73281-4

Hans Jürgen Heringer
Kleine deutsche Grammatik.
Sprachwissen, Stil, Rechtschreibung.
Cornelsen, 2002.
ISBN 3-464-61810-2

Walter Heuer/Max Flückiger/Peter Gallmann
Richtiges Deutsch.
Vollständige Grammatik und Rechtschreiblehre.
Neue Zürcher Zeitung, 2013.
ISBN 978-3-03823-220-9

Antje Kelle
Duden. Stilsicher schreiben.
Bibliographisches Institut, 2010.
ISBN 978-3-411-74461-9

Christoph Pollmann/Ulrike Wolk
PONS. Wörterbuch der verwechselten Wörter.
1000 Zweifelsfälle verständlich erklärt.
PONS, 2010.
ISBN 978-3-12-010031-7

Christian Stang
„Das Gleiche ist nicht dasselbe!"
Stolpersteine der deutschen Sprache.
Hueber, 2008.
ISBN 978-3-19-257493-1

Christian Stang/Anja Steinhauer
Komma, Punkt und alle anderen Satzzeichen.
Die neuen Regeln der Zeichensetzung mit umfangreicher Beispielsammlung.
Bibliographisches Institut, 2007.
ISBN 978-3-411-04915-8

Wahrig. Richtiges Deutsch leicht gemacht.
(Wahrig Band 5).
Bertelsmann/wissenmedia, 2009.
ISBN 978-3-577-07566-4